Aplicación de la hoja de cálculo Excel. Nivel inicial

ICB Editores (Interconsulting Bureau S.L.)
C/ Flauta Mágica, 1, local 1B
P.I. Alameda 29006 – Málaga. España
Tfno: (+34) 952 28 87 67
info@icbeditores.com
www.icbeditores.com

Aplicación de la Hoja de Cálculo Excel. Nivel inicial

Coordinadora de la obra: María Dolores Pérez Rodríguez
Licenciada en Pedagogía por la Universidad de Málaga

1ª edición, 07/2025

ISBN: 978-84-19720-83-2

Impreso en España - *Printed in Spain*

Código: MAIC005219

C.20181023110654 - M.20250721100048

ÍNDICE

1. Introducción a Microsoft Excel

1.1. Conocimiento de la aplicación de hoja de cálculo Excel

1.2. Especificaciones del proceso de creación y archivo de libros y hojas

1.3. Navegación por los principales elementos de Excel

2. Edición, Formato, Impresión y presentación de la información

2.1. Especificaciones para la introducción y organización de datos

2.2. Especificaciones para la modificación de hojas

2.3. Descripción del proceso de configuración de celdas. Aplicación de formatos

3.3. Insertar dibujos, imágenes y otros elementos

3.4. Especificaciones para la creación de gráficos

3.5. Manejo de la edición de hojas

3.6. Importación desde otras aplicaciones e Introducción de datos en la web

3.7. Uso de matrices y referencias externas

MÓDULO

1. Introducción a Microsoft Excel

Contenido del Módulo

ICB
EDITORES

UNIDAD

1.1. Conocimiento de la aplicación de hoja de cálculo Excel

Contenido de la Unidad

- Instalación e inicio de la aplicación
- Configuración de la aplicación
- Entrada y salida del programa
- Descripción de la pantalla de la aplicación de hoja de cálculo
- Ayuda de la aplicación de hoja de cálculo
- Opciones de visualización
- Resumen

ICB
EDITORES

1. INSTALACIÓN E INICIO DE LA APLICACIÓN

Excel 2019 es una de las aplicaciones que se encuentra dentro del paquete de software Office 2019 y que queda instalado al finalizar el proceso de instalación estándar. Para poder instalar Excel, ha de cumplir unos requisitos de Hardware y Software que especifica su fabricante (Microsoft), estos son:

Componente	Requisito
Equipo y procesador	1,6 gigahertz (GHz) o más rápido, 2 núcleos
Memoria	4 GB de RAM; 2 GB de RAM (32 bits)
Disco duro	4,0 GB de espacio en disco disponible
Pantalla	Monitor con resolución de pantalla de 1280 x 768 o superior
Sistema operativo	Windows 10, Windows Server 2019
Requisitos adicionales	La funcionalidad de Internet requiere una conexión a Internet. Es posible que se apliquen tarifas. Un dispositivo habilitado para la función táctil es necesario para utilizar la funcionalidad multitáctil. Sin embargo, todas las características y funcionalidad siempre están disponibles mediante el uso de un teclado, un mouse u otro dispositivo de entrada estándar o accesible. Tenga en cuenta que las nuevas características táctiles están optimizadas para su uso con Windows 10. Es posible que varíen los gráficos y la funcionalidad del producto según la configuración del sistema. Es posible que algunas características requieran hardware adicional o avanzado o conectividad de servidores. Las características de administración de archivos de servicios en la nube requieren OneDrive, OneDrive for Business o SharePoint. Se requiere la cuenta de Microsoft o la cuenta empresarial de Microsoft para la asignación de licencia. Professional Plus: Skype for Business requiere una cámara de laptop estándar o una cámara de video USB 2.0, un micrófono y un dispositivo de salida de audio para usar su gama completa de características de llamadas y reuniones. Microsoft recomienda que utilice dispositivos certificados SLN314264_es__4IC_External_Link_BD_v1 para obtener experiencias óptimas.
Otros	La funcionalidad del producto y los gráficos pueden variar de acuerdo con la configuración del sistema. Algunas características pueden requerir hardware adicional o avanzado, o conectividad del servidor; www.office.com/products.

Datos de la web de Microsoft

1.1. Iniciación de la aplicación

Una vez instalado Office 2019, para iniciar Excel, nos dirigimos al botón de inicio y buscamos la aplicación en la letra E.

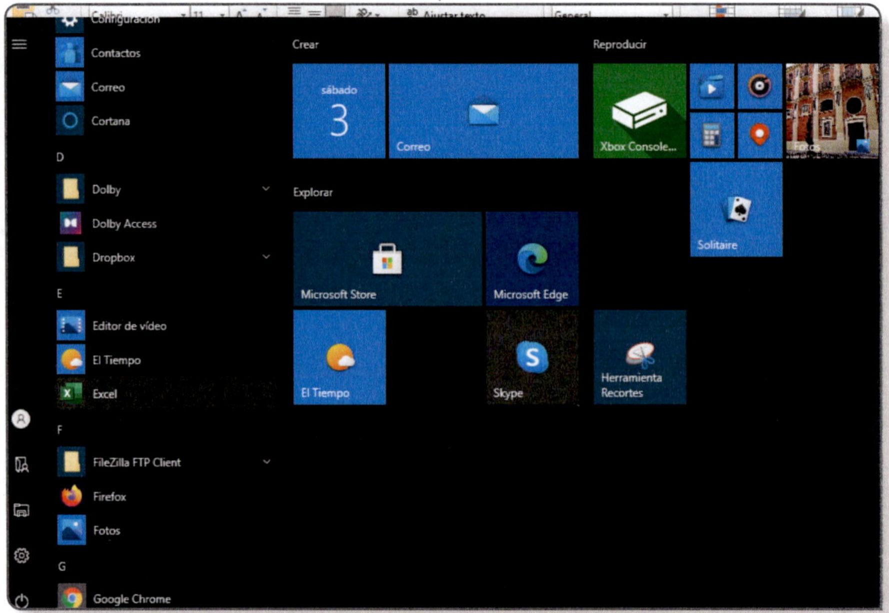

2. Configuración de la aplicación

Una vez instalado e iniciado Excel 2019, su configuración es la estándar, podemos personalizar esta, incluyendo comandos en la banda de opciones, acceso rápido, rutas para guardar archivos, etc.

Para ello, nos dirigimos a la pestaña Archivo, y abajo del todo pulsamos sobre Más, y en el desplegable sobre opciones.

Se nos abre una nueva ventana donde podremos realizar una configuración general del programa, así como acciones con las fórmulas datos, elegir el idioma predeterminado, personalizar la cinta de opciones y la barra de herramientas de acceso rápido.

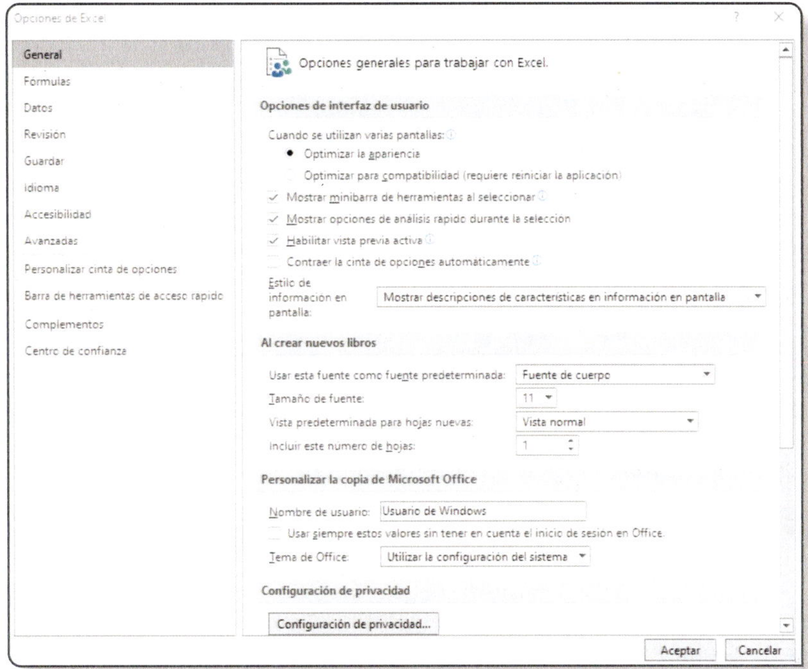

3. Entrada y salida del programa

Excel 2019 es un programa informático dedicado al procesamiento de datos numéricos.

Para ponerlo en marcha, como hemos dicho, bien lo hacemos desde el botón de inicio buscando el nombre Excel 2019, o bien desde el acceso directo que se crea en el escritorio de Windows cuando hacemos la instalación del Office 2019.

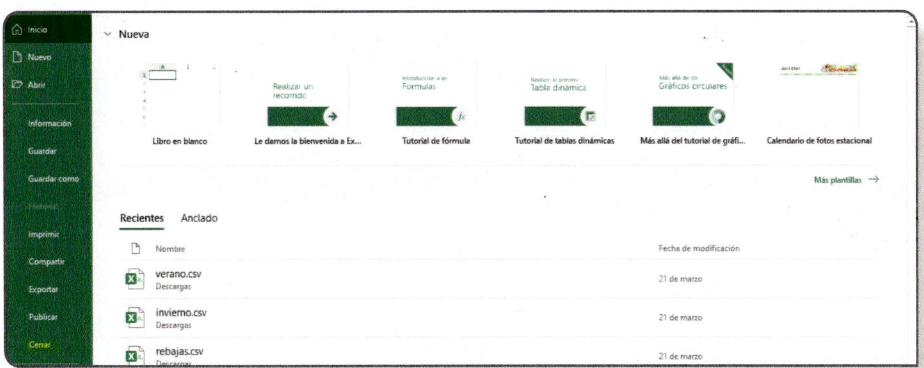

Para salir del programa, también podemos hacerlo de varias maneras. Una de ella es pulsando sobre la X de la parte superior derecha de la ventana de Excel. La otra forma es pulsando sobre archivo, y en Cerrar.

4. Descripción de la pantalla de la aplicación de hoja de cálculo

4.1. La Barra de Título

Es la línea superior que podemos apreciar al iniciar Excel 2019 y nos sirve para identificar en qué aplicación y archivo nos encontramos.

En ella aparece el nombre de la aplicación y del archivo o libro activo.

En el extremo de la derecha se encuentran tres botones que permiten realizar las opciones de: minimizar, y cerrar la ventana de Excel.

En el extremo izquierdo encontraremos la barra de elementos de acceso rápido, con los elementos que la componen.

4.2. Sistema de Menús Ribbon, Banda de Opciones

Es la barra que se encuentra bajo la barra de título y contiene los menús para el manejo de la aplicación y la elaboración

Excel 2019 incluye una nueva característica con respecto a los menús y es el llamado sistema de visualización de menú Ribbon.

Este sistema agrupa todas las opciones en pestañas. Al seleccionar una opción de menú, veremos las operaciones relacionadas que podamos realizar en Excel 2019. Si alguna de las opciones no estuviera disponible esta aparecerá atenuada.

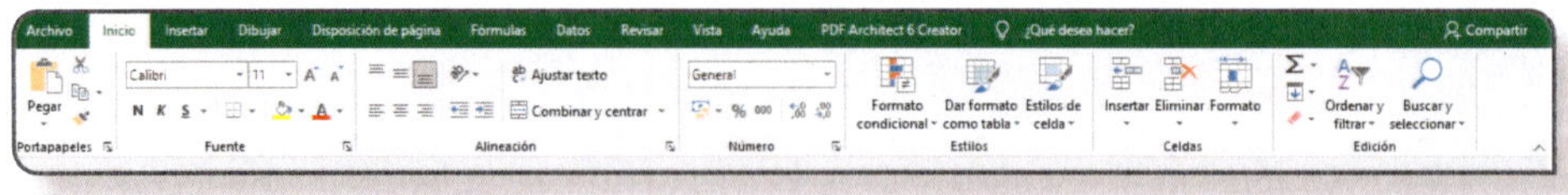

Las tres partes de la banda de opciones son las fichas, los grupos y los comandos. Existen tres componentes básicos en la banda de opciones. Es conveniente saber cómo se llaman para entender cómo se utilizan.

1. Fichas. Hay nueve fichas básicas en la parte superior. Cada una representa un área de actividad. Dependiendo de las aplicaciones instaladas en nuestro ordenador, pueden aparecer algunas fichas más.

2. Grupos. Cada ficha contiene varios grupos que contienen elementos relacionados.

3. Comandos. Un comando es un botón, un cuadro en el que se escribe información o un menú.

A primera vista, es posible que no vea un comando determinado de una versión anterior de Excel. Algunos grupos tienen una pequeña flecha diagonal en la esquina inferior derecha.

La flecha se llama iniciador de cuadros de diálogo. Si hace clic en ella, verá más opciones relacionadas con este grupo.

Estas opciones aparecerán a menudo en forma de cuadro de diálogo que puede reconocer de una versión anterior de Excel.

También pueden aparecer en un panel de tareas con un aspecto que resultará familiar a quienes han utilizado versiones anteriores de Excel.

4.3. Barra de Herramientas de Acceso Rápido

En la barra de Herramientas de acceso rápido de Excel 2019 se encuentran las operaciones más habituales de Excel.

Podemos personalizarla y añadir los botones que utilicemos con más frecuencia. Haciendo clic en la flecha de menú desplegable, se nos mostraran los comandos más frecuentes y podremos personalizarla.

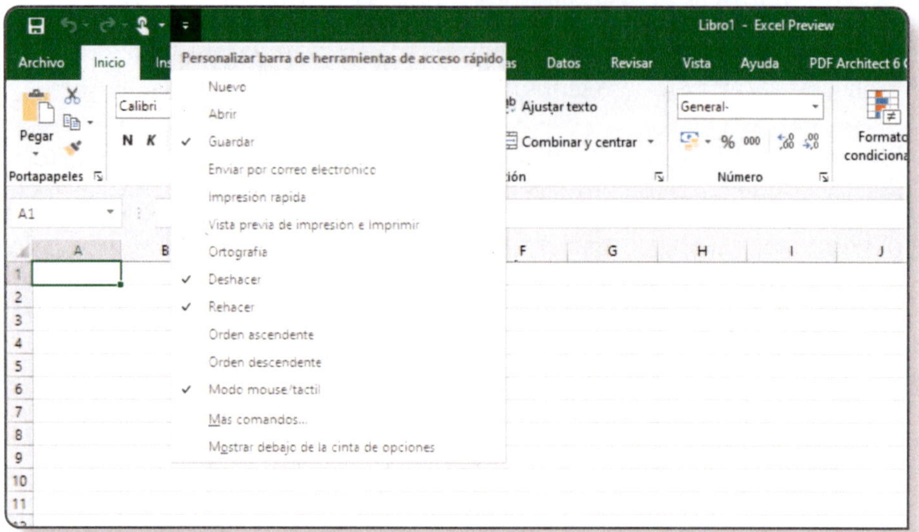

4.4. Archivo

En este botón que encontraremos en la parte superior izquierda se encuentran las opciones Abrir, Guardar, Imprimir, etc.

Existen dos tipos de elementos que podemos encontrar en este menú:

Los comandos inmediatos, cuando hacemos clic sobre ellos se ejecutan de forma inmediata, por ejemplo, Abrir.

Los comandos con opción, al seleccionarlos se mostrarán las opciones que realizar.

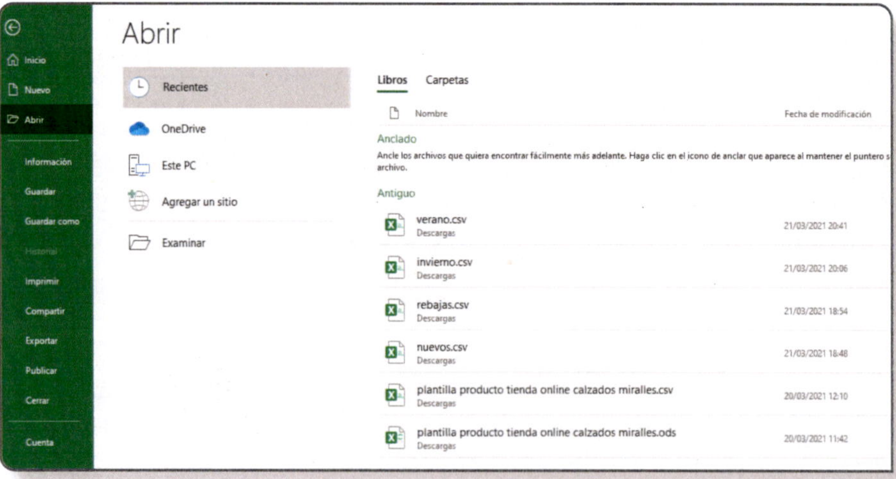

4.5. La Barra de Estado

Se encuentra situada en la parte inferior de la pantalla de aplicación de Excel 2007 y muestra los botones de modo de visualización del documento, así como la barra de desplazamiento de Zoom.

4.6. Área de Datos y Barras de Desplazamiento

El área de datos es el espacio cuadriculado donde se teclean los números, formulas, funciones y los textos que se van a procesar. El área de datos contiene la celda activa, que demarca la situación del próximo carácter tecleado. Las barras de desplazamiento constan de dos botones con una flecha en su interior que indica hacia donde avanzará la hoja al hacer clic sobre ellos.

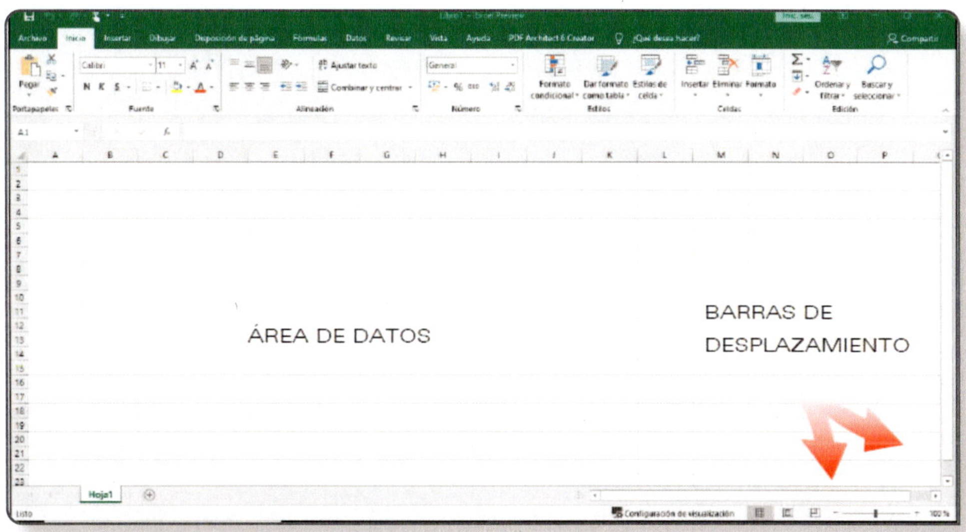

4.7. Menús Contextuales

Los menús contextuales son aquellos que aparecen al pulsar el botón derecho sobre una celda, imagen u objeto del libro y que proporcionan acceso a las tareas más comunes relacionadas con el objeto en cuestión.

Para ello nos posicionamos en cualquier celda, y pulsamos el botón derecho del ratón para elegir la opción deseada.

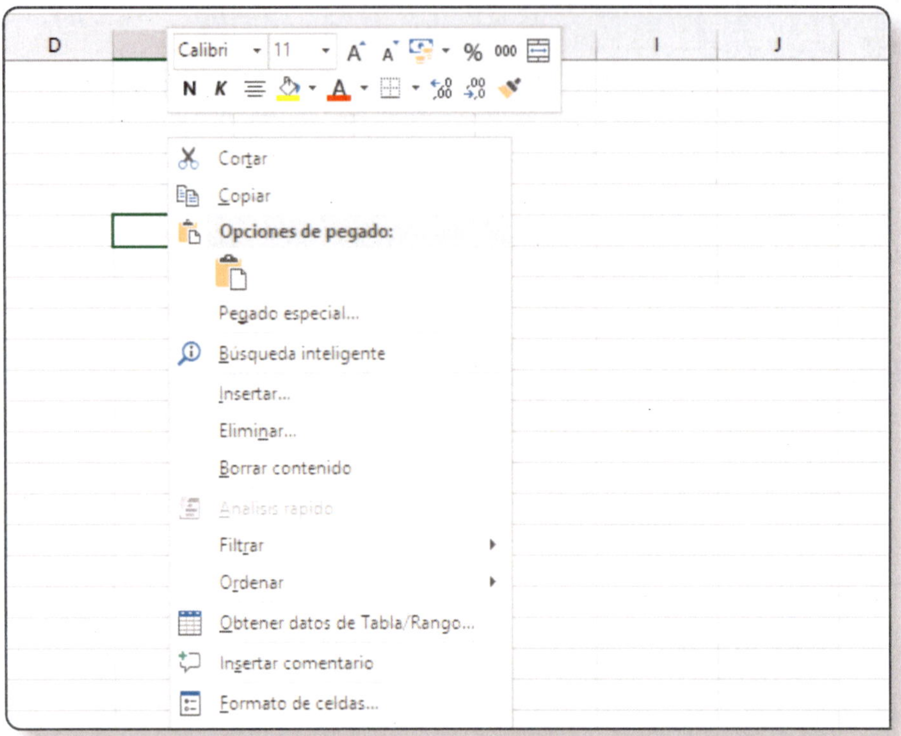

5. AYUDA DE LA APLICACIÓN DE HOJA DE CÁLCULO

Para obtener ayuda sobre las novedades y funcionamiento de Excel 2019 podremos pulsar la tecla F1 o hacer clic sobre la pestaña de la bombilla ¿Qué desea hacer?.

Para facilitar la localización sobre el tema a consultar, la ayuda de Excel 2019 incluye un sistema de búsqueda en el cual escribiremos la palabra, texto, o frases relacionadas.

Una vez localizado los apartados relacionados aproximados, estos se mostrarán en pantalla y podremos seleccionar los que deseemos visualizar su información.

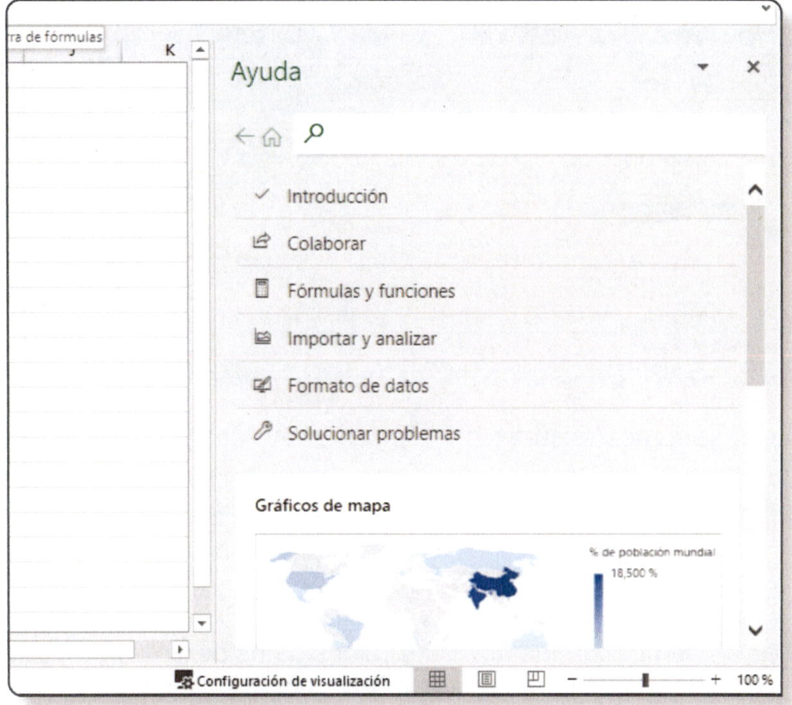

Desde la ayuda podemos acceder directamente a un contenido, introduciendo el texto de lo que deseamos buscar.

6. Opciones de visualización

Desde la ficha Vista, podremos cambiar el modo y tamaño de visualización de la hoja en pantalla.

Además de otra serie de funciones para facilitarnos la visualización de los datos en hojas que sean muy amplias.

6.1. Zoom

Esta opción nos permite visualizar la hoja con mayor o menor grado de acercamiento. Esto es especialmente útil para tener una visión de detalle de algún elemento o celda, o por el contrario, conocer la distribución general de la hoja.

Para ello nos dirigimos a la pestaña Vista, y pulsamos sobre Zoom, elegimos el valor deseado y pulsamos en aceptar.

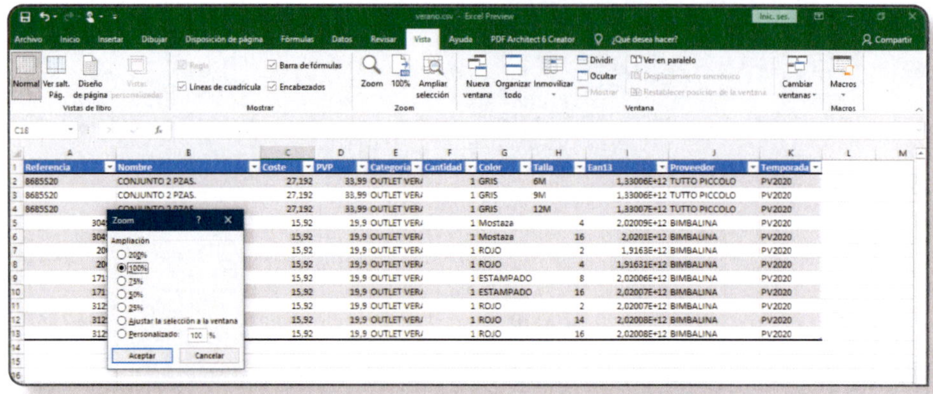

También podemos acceder a la opción zoom desde la barra de estado, pulsando sobre el valor del zoom o con la barra de zoom ya sea desplazándola para aumentar o disminuir o sobre los botones + -.

6.2. Vistas

Son las diferentes formas de visualizar los datos de la hoja. En Excel 2019 existen tipos diferentes tipos de vistas:

6.2.1. Normal

Esta es la vista predeterminada de Excel, en la que editamos y modificamos los datos.

6.2.2. Vista Previa de Salto de Página

Muestra la hoja de cálculo tal y como se va a imprimir hasta el salto de página, permitiéndonos ajustar los saltos de página.

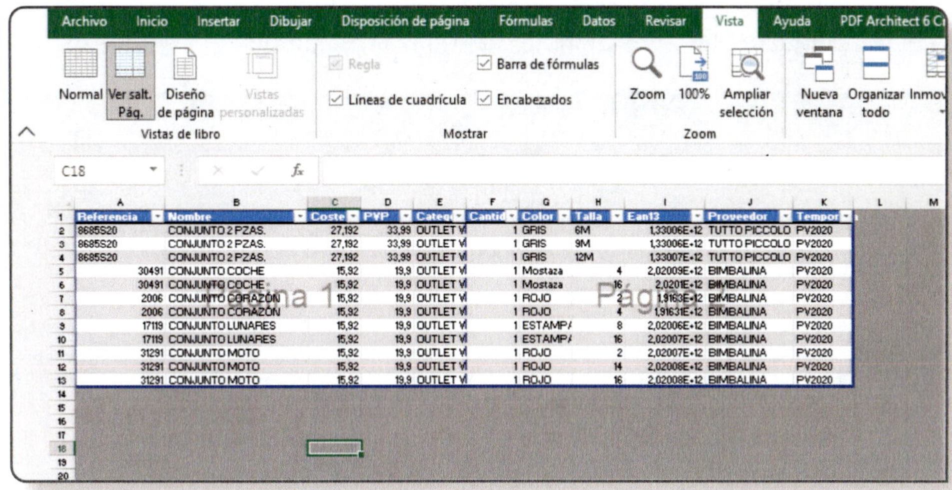

6.2.3. Vista Diseño de Página

Muestra la hoja de cálculo tal y como se va a imprimir viendo el resultado hoja por hoja.

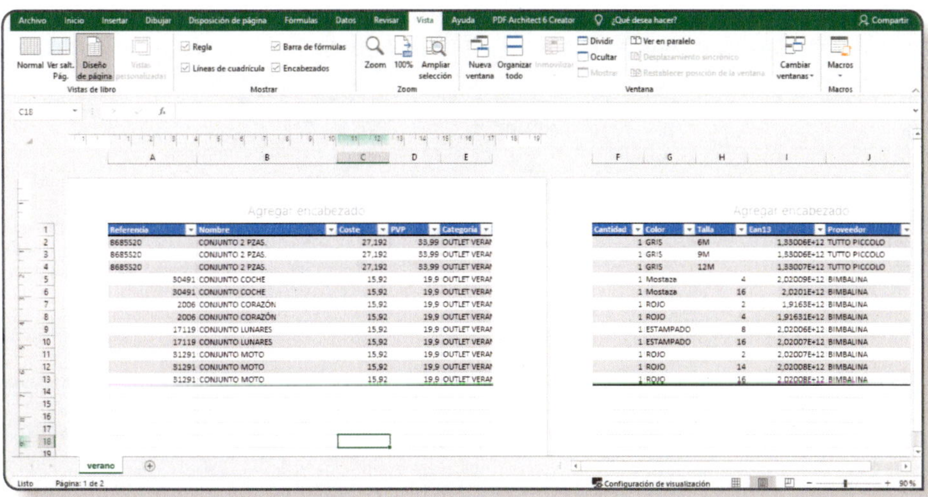

6.2.4. Inmovilizar

Si tenemos una tabla con gran cantidad de filas o columnas, al desplazarnos por la hoja, no visualizaremos los enunciados de la procedencia de estos, Excel nos permite inmovilizar zonas de la hoja para de este modo tener visibles los datos que nos interese, mientras nos desplazamos.

Para ello, dentro de la pestaña Vista, nos dirigimos al icono Inmovilizar, y en el desplegable elegimos el modo de inmovilización que deseemos.

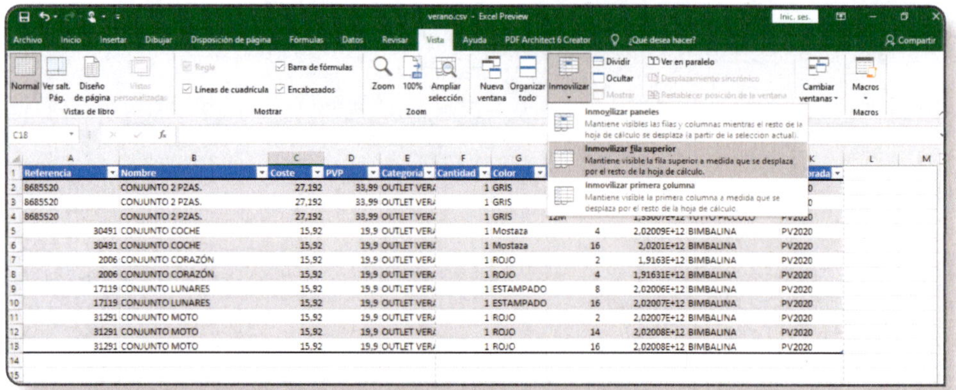

Existen más opciones en la ficha vista, que podemos utilizar, desde organizar ventanas, personalizar la vista, etc.

RESUMEN

- Excel 2019 es un programa informático dedicada al procesamiento de datos numéricos.
- La opción de comenzar una sesión nos permitirá trabajar con Excel 2019 en un libro nuevo, en la hoja 1.
- 'La Barra de Título' es la línea superior que podemos apreciar al iniciar Excel 2019 y nos sirve para identificar en qué aplicación y archivo nos encontramos.
- El 'sistema de menús Ribbon, Banda de Opciones' es la barra que se encuentra bajo la barra de título y contiene los menús para el manejo de la aplicación.
- En la barra de acceso rápido de Excel 2019 se encuentran las operaciones más habituales de Excel. Podemos personalizarla y añadir los botones que utilicemos con más frecuencia, haciendo clic en la flecha de menú desplegable, se nos mostraran los comandos más frecuentes y podremos personalizarla.
- El 'Botón de Office' que encontraremos en la parte superior izquierda se encuentran las opciones que en versiones anteriores de Excel se encontraban en el menú Archivo, tales como Abrir, Guardar, Imprimir, etc.
- La 'Barra de Estado', se encuentra situada en la parte inferior de la pantalla de aplicación de Excel 2019 y muestra los botones de modo de visualización de la hoja, así como la barra de desplazamiento de Zoom.
- Excel 2019 ofrece al usuario diferentes formas de visualizar un documento.
- Los menús contextuales son aquellos que aparecen al pulsar el botón derecho sobre una celda, imagen u objeto del libro y que proporcionan acceso a las tareas más comunes relacionadas con el objeto en cuestión.

ICB
EDITORES

UNIDAD

1.2. Especificaciones del proceso de creación y archivo de libros y hojas

Contenido de la Unidad

- Creación de un nuevo libro
- Abrir un libro ya existente
- Guardado de los cambios realizados en un libro
- Creación de una duplica de un libro
- Cerrado de un libro
- Resumen

1. Creación de un nuevo libro

Excel nos permite crear un documento nuevo en blanco o basado en otro ya existente. Para crear un nuevo libro en blanco, nos vamos a la pestaña Archivo, y pulsamos sobre Nuevo, y seleccionamos Libro en Blanco y pulsamos sobre Crear.

2. Abrir un libro ya existente

Con esta opción seleccionamos un libro o fichero del disco para mostrarlo en pantalla y comenzar a trabajar con él. También podemos abrir varios archivos a la vez, manteniendo pulsada la tecla Control mientras hacemos clic con el ratón en los archivos que deseemos.

En este caso, desde la pestaña Archivo, pulsaremos sobre Abrir. A partir de aquí tenemos varias opciones. Por ejemplo, podremos pulsar en Examinar, y se abrirá el explorador de Windows para buscar entre las carpetas y los archivos de nuestro disco duro.

También tendremos la posibilidad de abrir algún archivo que tengamos guardado en la nube, pulsando en OneDrive.

Excel, al igual que Word y otras aplicaciones de Office, nos mostrará los archivos recientes que hemos editado o guardado, para que los tengamos a la mano a la hora de abrir un archivo ya existente.

Excel 2019, añade una nueva función muy útil como es la de Recuperar libros no guardados.

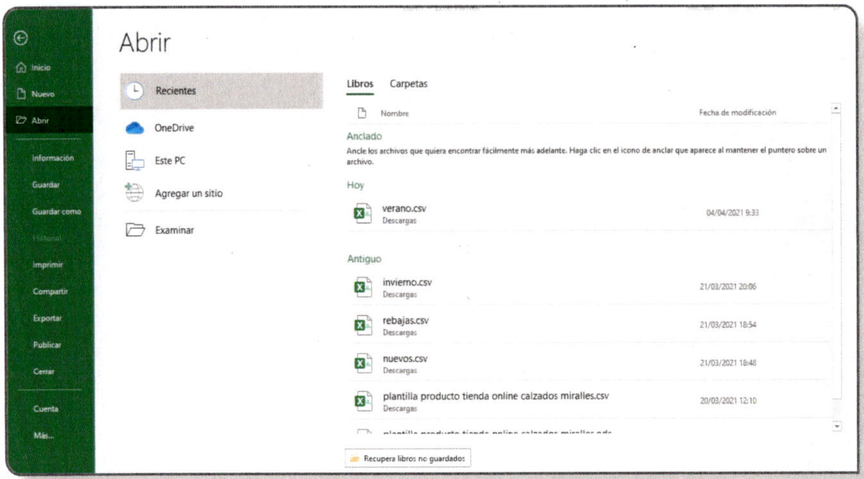

También podemos abrir un libro o un fichero desde la barra de herramientas de acceso rápido, pulsando sobre el icono abrir.

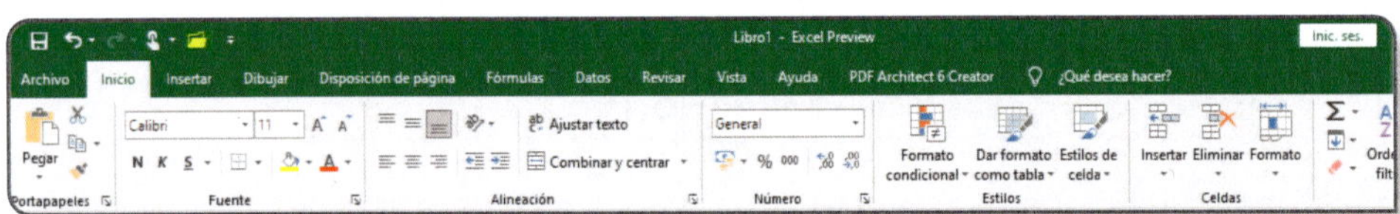

3. GUARDADO DE LOS CAMBIOS REALIZADOS EN UN LIBRO

En ocasiones necesitamos actualizar o modificar datos de una hoja de cálculo ya existente, una vez abierta y realizados esos cambios los guardaremos.

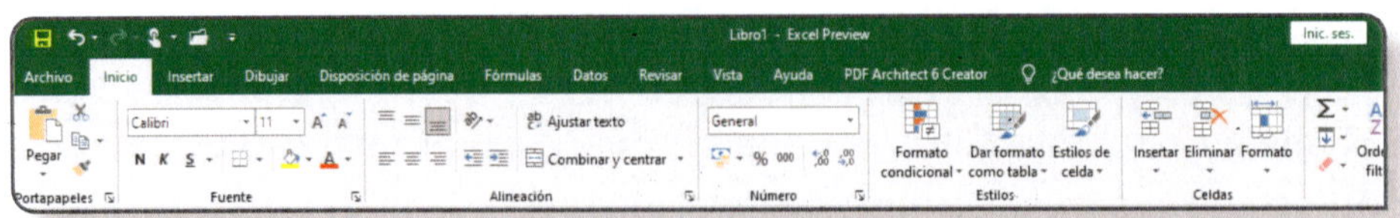

Para guardar los cambios realizados en un libro, podremos pulsar sobre el icono Guardar de la barra superior, o bien, desde la pestaña Archivo, pulsando en Guardar. También tenemos la opción de Renombrar el archivo que estamos editando pulsando en Guardar como, para tener una copia distinta a la que hemos abierto.

4. Creación de una duplica de un libro

Un libro de Excel, puede ser duplicado en otra unidad de almacenamiento o carpeta.

También podemos guárdalo con otro nombre en la misma carpeta en la que se encuentra el original, imaginemos que creamos un modelo de factura y lo tomamos para crear distintos libros.

Si deseamos cambiar de unidad de almacenamiento u otra carpeta que no esté en la actual, desplegaríamos "Guardar en:" y seleccionaríamos la unidad o carpeta donde deseamos almacenar el libro.

5. Cerrado de un libro

Cerrar un libro equivale a excluirlo de la pantalla para dejar de trabajar con él.

En el caso en que el libro no haya sido guardado previamente o hallamos realizado modificaciones sin guardarlas, Excel nos preguntará si deseamos guardarlo. Para ello, basta con pulsar sobre la X de la barra superior.

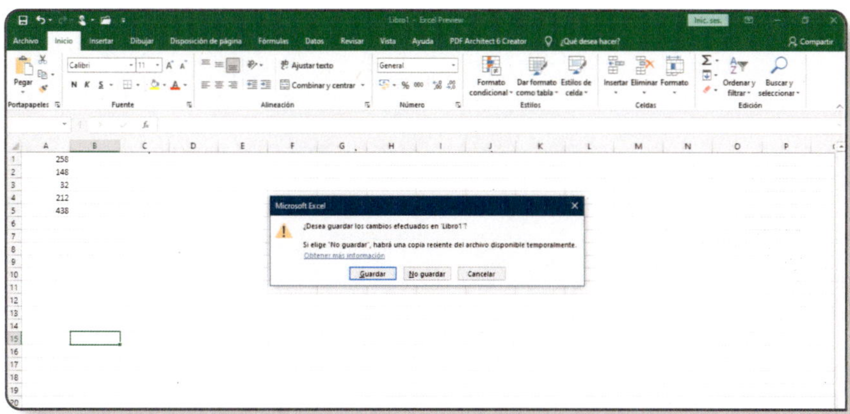

RESUMEN

- ⇨ Creación de un libro nuevo en blanco.
- ⇨ Recuperar un libro ya creado.
- ⇨ Guardar un libro con otro nombre y en otra unidad de almacenamiento o carpeta.
- ⇨ Cerrar el libro en el que nos encontramos trabajando, pudiendo guardar o no los cambios realizados en él.

UNIDAD

1.3. Navegación por los principales elementos de Excel

Contenido de la Unidad

ICB
EDITORES

1. Mediante teclado

1.1. Desplazamientos por la Hoja

Las siguientes teclas o combinaciones de teclas causan los efectos explicados en el texto de la derecha:

⇧ + A	Escribe en mayúsculas el carácter seleccionado.
Bloq Mayús	Activa/Desactiva la escritura en mayúsculas.
↵	Valida los datos tecleados.
	Inserta un espacio en blanco.
↑ ← ↓ →	Con cada pulsación avanza el curso una celda en la dirección de la tecla.
Ctrl + ←	Mueve el cursor hasta el próximo texto a la izquierda. Avanza una palabra a la izquierda con la celda editada.
Ctrl + →	Mueve el cursor hasta el próximo texto a la derecha. Avanza una palabra a la derecha con la celda editada.
Re Pág	Mueve el cursor una pantalla hacia arriba.
Av Pág	Mueve el cursor una pantalla hacia abajo.
Inicio	Sitúa el cursor en la primera celda de la fila. Sitúa el cursor al comienzo del texto con la celda editada.

2. Mediante ratón

Para desplazarnos por la hoja de cálculo Excel normalmente utilizamos el ratón, además del botón derecho e izquierdo, podemos utilizar la rueda central de este para ayudarnos en los desplazamientos por Excel.

Se detallan a continuación los desplazamientos por la hoja con el ratón:

Girando la rueda hacia delante o hacia atrás.	Nos desplazamos hacia arriba o hacia abajo varias filas a la vez
Mientras nos desplazamos, mantener presionado el botón del mouse en el extremo más alejado de la pantalla durante más de 10 segundos para aumentar la velocidad de desplazamiento. Moviendo el mouse en la dirección opuesta se ralentiza la velocidad de desplazamiento.	Desplazarnos por una hoja de cálculo con mayor velocidad de desplazamiento
Mantener presionado el botón de rueda y alejar el puntero de la marca de origen en la dirección en la que desea desplazarse. Para acelerar el desplazamiento, alejar el puntero de la marca de origen. Para desacelerar el desplazamiento, acercar el puntero a la marca de origen.	Recorrer una hoja de cálculo

Presionar el botón de rueda y, a continuación, mover el mouse en la dirección a la que deseamos desplazarnos. Para acelerar el desplazamiento, alejar el puntero de la marca de origen. Para desacelerar el desplazamiento, acercar el puntero a la marca de origen. Para detener automáticamente el desplazamiento, hacer clic con cualquier botón del ratón.	Recorrer una hoja de cálculo de forma automática
Mantener presionada la tecla CTRL mientras giramos la rueda de ratón hacia delante o hacia atrás. El porcentaje de zoom aplicado se indica en la barra de estado.	Zoom, Aumentar y disminuir
Situar el puntero sobre una celda que resuma los datos en un esquema y mantener presionada la tecla MAYÚS mientras giramos la rueda hacia delante.	Mostrar los detalles en los esquemas
Situar el puntero sobre cualquier celda que contenga datos detallados y mantener presionada la tecla MAYÚS mientras giramos la rueda hacia atrás.	Ocultar detalles en los esquemas

3. Grandes desplazamientos

Si tenemos que ir a una celda especifica en la hoja y sabemos su columna y fila, la manera más rápida para desplazarnos es con "Ir a", con esta opción podremos realizar tanto pequeños desplazamientos como grandes desplazamientos.

Para ir a una celda específica, desde la pestaña Inicio, pulsamos sobre el icono buscar, y en el desplegable pulsaremos en Ir a..., y en el cuadro de dialogo pondremos la referencia de la celda, es decir letra de columna y número de fila.

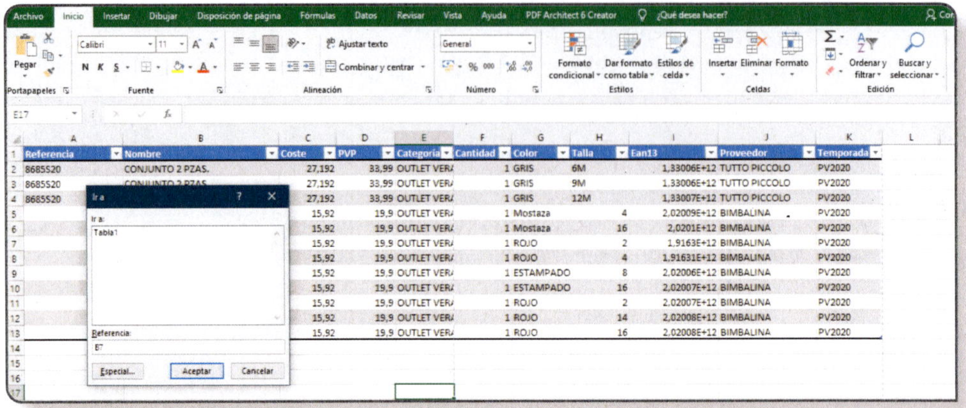

4. Barras de desplazamiento

Otras de las formas de poder desplazarnos por la hoja de cálculo son las barras de desplazamiento que se encuentran en la parte inferior y lateral de la hoja de cálculo.

Las diferentes posibilidades de usar las barras de desplazamiento son:

Una fila arriba o abajo	Haga clic en las flechas de desplazamiento ▲ o ▼ de la barra de desplazamiento vertical para mover la hoja una fila hacia arriba o hacia abajo.
Una columna a la izquierda o a la derecha	Haga clic en las flechas de desplazamiento de la barra de desplazamiento horizontal para mover la hoja una columna hacia la izquierda o hacia la derecha.
Desplazarse con mayor velocidad de desplazamiento por una hoja de cálculo	Mientras se desplaza, mantenga presionado el botón del mouse en el extremo más alejado de la pantalla durante más de 10 segundos para aumentar la velocidad de desplazamiento. Moviendo el mouse en la dirección opuesta se ralentiza la velocidad de desplazamiento.

Una ventana arriba o abajo	Haga clic encima o debajo del cuadro de desplazamiento de la barra de desplazamiento vertical.
Una ventana a la izquierda o a la derecha	Haga clic a la izquierda o a la derecha del cuadro de desplazamiento de la barra de desplazamiento horizontal.
Una gran distancia	Mantenga presionada la tecla MAYÚS mientras arrastra el cuadro de desplazamiento.

RESUMEN

- ⇨ Atajo de teclado para desplazarnos por la hoja de cálculo.
- ⇨ Desplazamiento a una posición de la hoja mediante "Ir a..."
- ⇨ Utilización del ratón para desplazamiento rápido por la hoja de cálculo
- ⇨ Las formas de poder desplazarnos por la hoja de cálculo con las barras de desplazamiento que se encuentran en la parte inferior y lateral de la hoja de cálculo.

MÓDULO

2. Edición, Formato, Impresión y presentación de la información

Contenido del Módulo

ICB
EDITORES

UNIDAD

2.1. Especificaciones para la introducción y organización de datos

Contenido de la Unidad

ICB
EDITORES

1. Datos en Excel

Dato es cualquier información que es introducida en una celda de la hoja de cálculo.

Dependiendo del tipo de datos que introduzcamos en una celda, Excel podrá trabajar con ellos de una manera u otra.

2. Numéricos

Cuando el dato de la/s celda/s es un número, podemos cambiar su formato ya que éste puede representar una cantidad, una moneda, un porcentaje, etc.

Para ello seleccionamos la celda o el rango a modificar. Pulsaremos en Formato, y en el cuadro, sobre Más formatos de números… Posteriormente, pulsaremos sobre la solapa Número si ésta no esta seleccionada. Después seleccionaremos entre las siguientes:

		Resultado
Número	Activar Usar separador de miles	1.000
Número	Seleccionar Posiciones decimales = 2	1.000,00
Moneda	Seleccionar € en Símbolo Seleccionar Número de decimales = 2	6,01 €

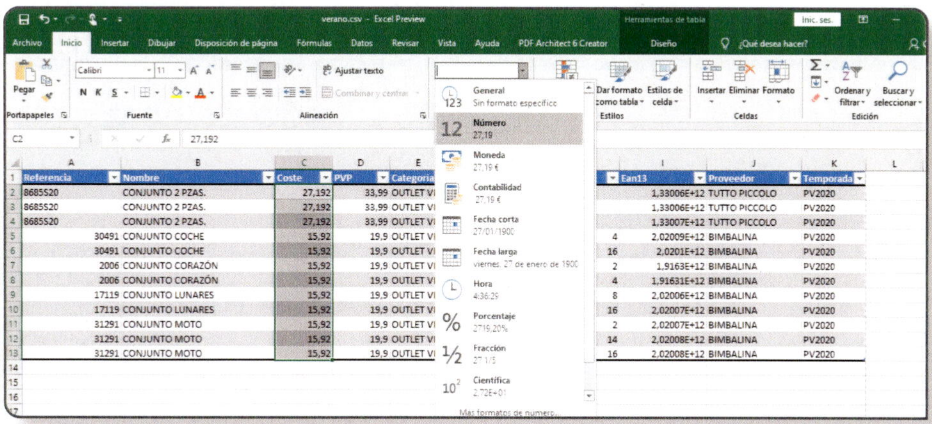

2.1. Personalizar un Formato Numérico

Es posible que el tipo de número que deseamos utilizar no se encuentre en la lista de categorías, por lo que tendremos que crear un tipo propio que se adapte a nuestras necesidades.

Seleccionamos de nuevo la celda o rango a modificar, y tal y como hemos realizado en el caso anterior, pulsaremos en este caso en Personalizar.

Dentro de la categoría Personalizada disponemos de gran cantidad de tipos que además se pueden modificar.

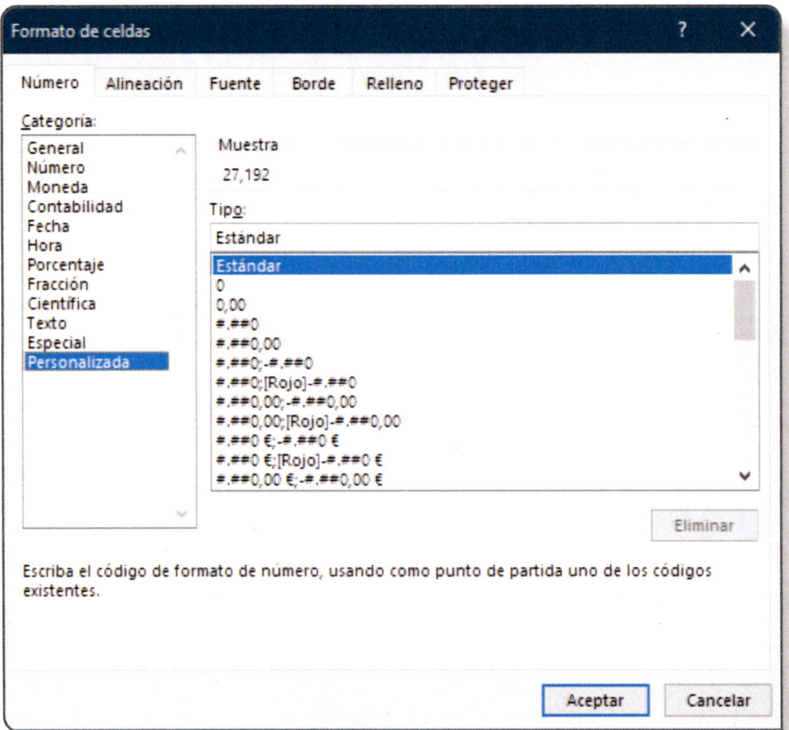

3. ALFANUMÉRICOS

Cuando introducimos en una celda un valor, este puede ser texto o número, ya que por defecto tienen las celdas asignados el formato "General", el cual es alfanumérico.

Este formato y el de texto, no son personalizables.

4. Fecha/hora

4.1. Definir el Formato de Fecha

Con esta opción especificamos como queremos representar una fecha. Podemos modificar el orden de los días, meses y años, además del separador que aparecerá entre ellos.

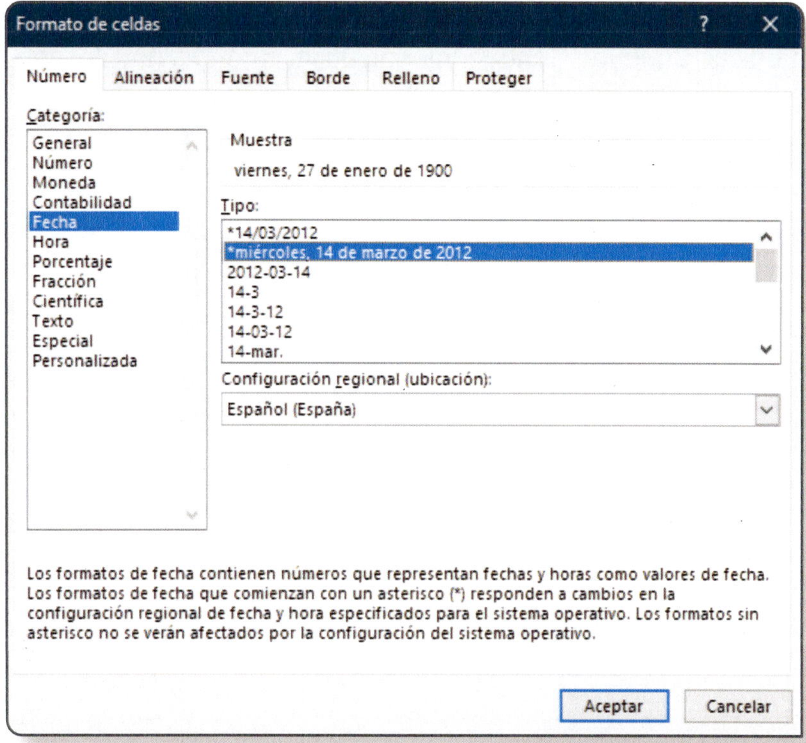

El formato de fecha va a determinar el orden en que aparecen los días, meses y años, además del símbolo que los separa.

4.2. Definir el Formato de Hora

De esta forma configuramos el tipo de hora que aparecerá en las celdas seleccionadas, así como el separador entre horas, minutos y segundos.

Igual que el formato de fecha, Excel nos permite definir el formato del tipo de dato Hora.

5. Alineaciones de Texto y Números

La alineación se usa para colocar en línea el texto con respecto a los límites izquierdo, derecho, superior e inferior de la celda. Los tipos de alineación aplicables son:

⇨ Horizontal: General, Izquierda, Central, Derecha, Rellenar, Justificar, Centrar a la Selección y Distribuido.

⇨ Vertical: Superior, Centrar, Inferior, Justificar y Distribuido.

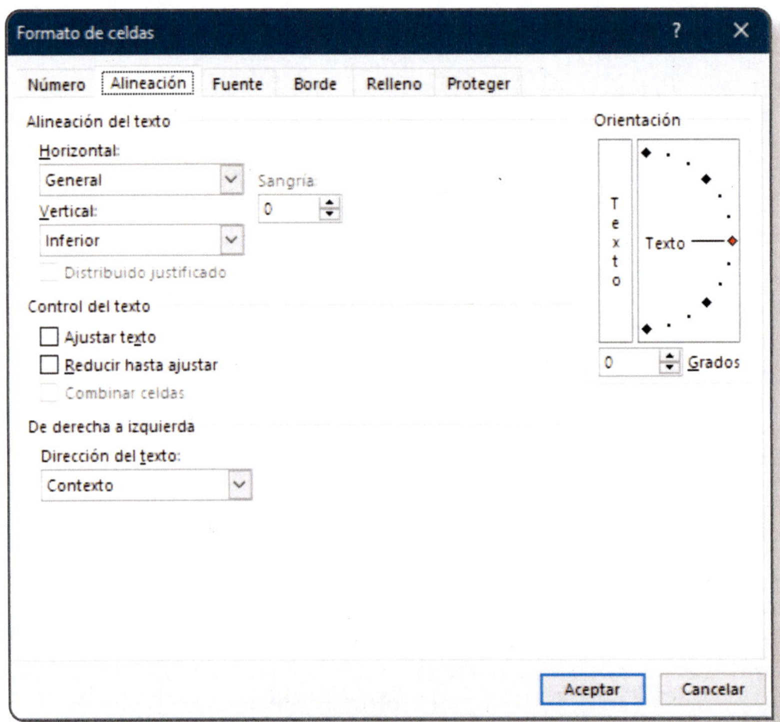

6. Fórmulas

La fórmula nos permite obtener resultados sobre un conjunto de datos ya sean numéricos o texto.

Las fórmulas están formadas por signos aritméticos, referencias a celdas y valores numéricos.

Los signos aritméticos más frecuentes son:

+	Más
-	Menos
*	Multiplicado por
/	Dividido por
^	Elevado a
%	Porcentaje
&	Concatenación

Así, para introducir una fórmula seguiremos los siguientes pasos:

1. Colocar: El cursor en la celda donde deseamos el resultado
2. Teclear: =
3. Introducir : La referencia de celda que interviene en la fórmula
4. Teclear: El signo aritmético deseado para la fórmula
5. Escribir: La referencia de celda que interviene en la fórmula
6. Pulsar la tecla: Enter

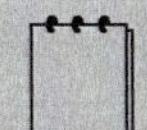

NOTA: Para fórmulas con más de dos operadores repetir los pasos 4 y 5 cuantas veces sea necesario y finalizar pulsando la tecla Enter.

También podemos sustituir las referencias a celda por valores numéricos constantes.

Por ejemplo:

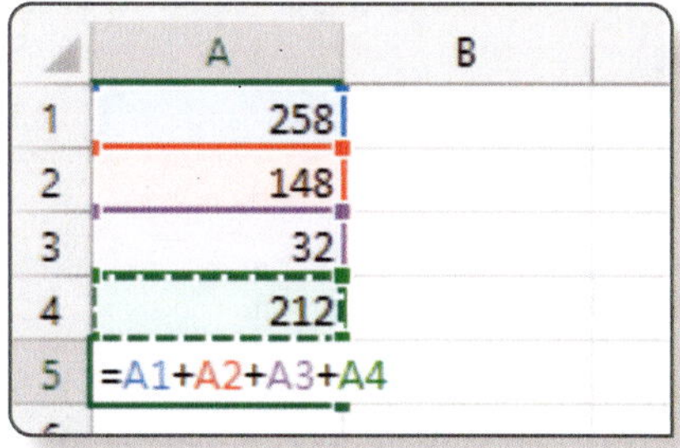

7. Funciones

Las funciones permiten generar operaciones complejas a partir de los datos.

Éstas se encuentran clasificadas por categorías y agrupadas según los tipos de datos con que trabajan.

Una función es una fórmula especial que ya está escrita. El uso de éstas simplifica y acorta las fórmulas en las hojas de cálculo, concretamente aquellas que efectúan cálculos extensos y complejos.

Para ello seleccionamos la celda donde deseamos que aparezca el resultado. Nos dirigimos la pestaña Fórmulas y pulsamos en Insertar Función. Nos aparece entonces una ventana donde podremos elegir la función deseada.

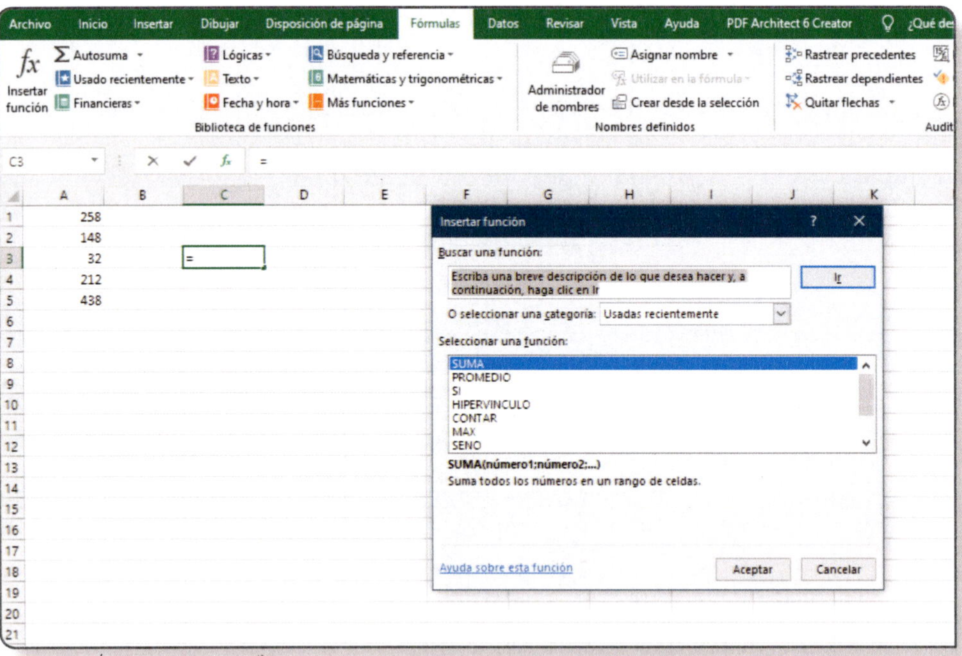

RESUMEN

- ⇨ Cuando el dato de la/s celda/s es un número, podemos cambiar su formato ya que éste puede representar una cantidad, una moneda, un porcentaje, etc.
- ⇨ Es posible que el tipo de número que deseamos utilizar no se encuentre en la lista de categorías, por lo que tendremos que crear un tipo propio que se adapte a nuestras necesidades.
- ⇨ Podemos dar formato a la fecha y a la hora. Se pueden modificar el orden de los días, meses y años, además de las horas, minutos y segundos.
- ⇨ La alineación se usa para colocar en línea el texto con respecto a los límites izquierdo, derecho, superior e inferior de la celda. Los tipos de alineación aplicables son horizontal y vertical.

ICB
EDITORES

UNIDAD

2.2. Especificaciones para la modificación de hojas

Contenido de la Unidad

- Selección de la hoja de cálculo
- Modificación de datos
- Inserción y eliminación
- Copiado o reubicación de celdas
- Resumen

ICB
EDITORES

1. Selección de la hoja de cálculo

1.1. Rangos

Un rango es un conjunto de celdas que van a gozar de unas características especiales con respecto al resto o que queremos agrupar con algún fin. Por ejemplo, podemos crear un rango para contener los 12 meses de un año, los días de la semana, etc.

Con el ratón desde la primera celda del rango a crear y lo arrastramos hasta la última celda del rango seleccionado.

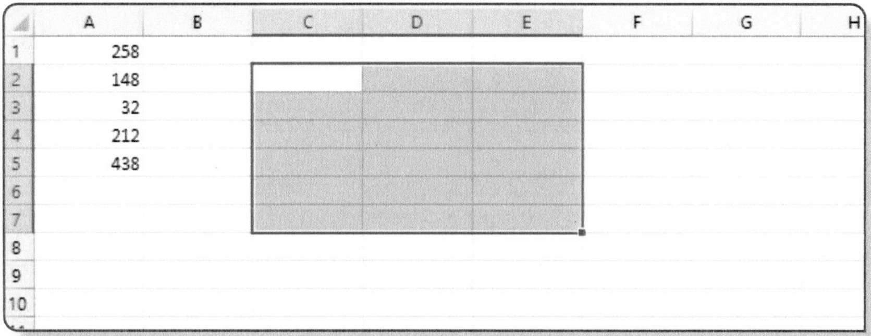

1.2. Columnas

Para seleccionar una columna o varias columnas, haremos clic en el encabezado de la columna o columnas a seleccionar.

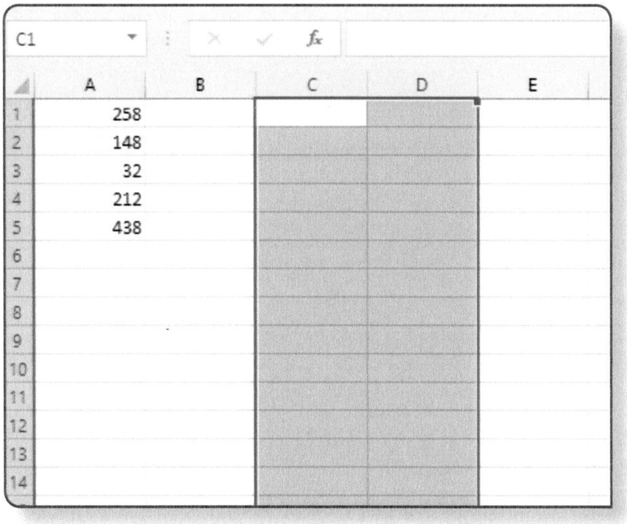

1.3. Filas

Para seleccionar una fila o varias filas, igualmente hacemos clic en el encabezado de la fila o filas a seleccionar.

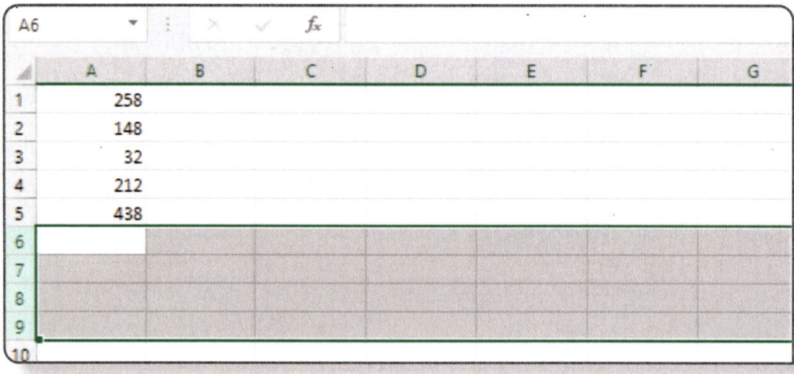

1.4. Hojas

Un libro está compuesto por varias hojas de cálculo, en la parte inferior de la hoja que tengamos activa, observaremos unas pestañas en las que figura el nombre de cada una de ellas.

En un libro nuevo encontraremos que consta de tres hojas, se pueden añadir más hojas si fuera necesario, pulsando sobre el signo "+" para agregar una nueva hoja de cálculo.

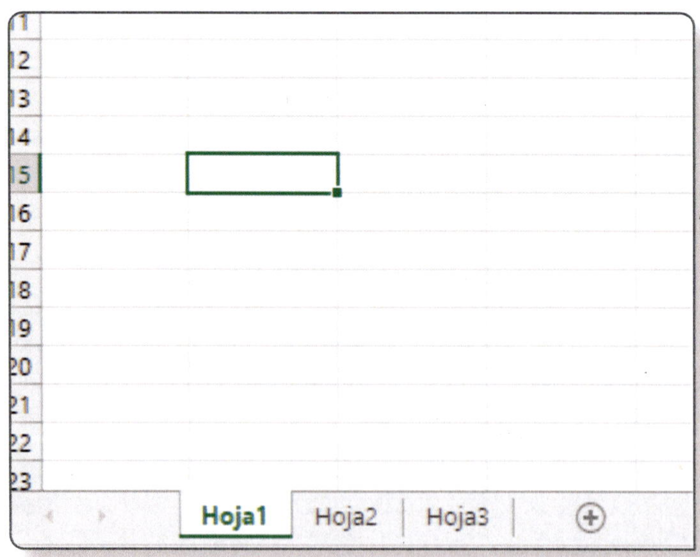

2. Modificación de datos

Una vez introducidos en una celda datos, podemos realizar cambios en ellos.

2.1. Edición del contenido de una celda

Para editar (modificar) un dato de una celda tenemos diversas posibilidades, Podemos hacer doble clic sobre la misma y reescribirlo completamente, otra opción es, Pulsar la tecla F2 y modificar el dato. La tercera forma seleccionar la celda donde estén los datos a modificar y desde la barra de fórmulas editarlos.

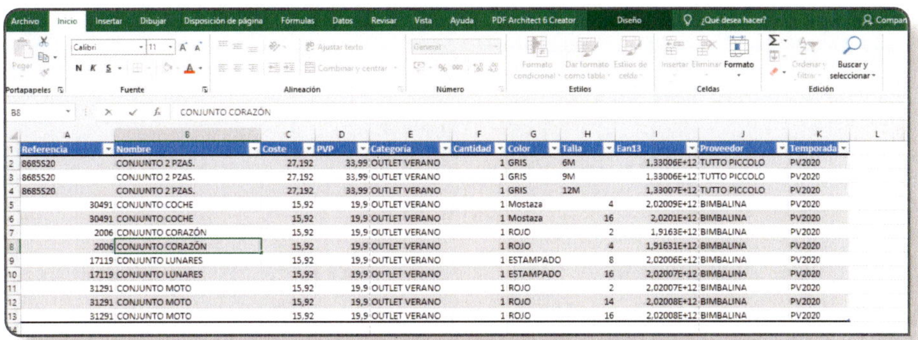

	A	B	C	D	E	F	G	H	I	J	K
1	Referencia	Nombre	Coste	PVP	Categoría	Cantidad	Color	Talla	Ean13	Proveedor	Temporada
2	8685S20	CONJUNTO 2 PZAS.	27,192	33,99	OUTLET VERANO	1	GRIS	6M	1,33006E+12	TUTTO PICCOLO	PV2020
3	8685S20	CONJUNTO 2 PZAS.	27,192	33,99	OUTLET VERANO	1	GRIS	9M	1,33006E+12	TUTTO PICCOLO	PV2020
4	8685S20	CONJUNTO 2 PZAS.	27,192	33,99	OUTLET VERANO	1	GRIS	12M	1,33007E+12	TUTTO PICCOLO	PV2020
5	30491	CONJUNTO COCHE	15,92	19,9	OUTLET VERANO	1	Mostaza	4	2,02009E+12	BIMBALINA	PV2020
6	30491	CONJUNTO COCHE	15,92	19,9	OUTLET VERANO	1	Mostaza	16	2,0201E+12	BIMBALINA	PV2020
7	2006	CONJUNTO CORAZÓN	15,92	19,9	OUTLET VERANO	1	ROJO	2	1,9163E+12	BIMBALINA	PV2020
8	2006	CONJUNTO CORAZÓN	15,92	19,9	OUTLET VERANO	1	ROJO	4	1,91631E+12	BIMBALINA	PV2020
9	17119	CONJUNTO LUNARES	15,92	19,9	OUTLET VERANO	1	ESTAMPADO	8	2,02006E+12	BIMBALINA	PV2020
10	17119	CONJUNTO LUNARES	15,92	19,9	OUTLET VERANO	1	ESTAMPADO	16	2,02007E+12	BIMBALINA	PV2020
11	31291	CONJUNTO MOTO	15,92	19,9	OUTLET VERANO	1	ROJO	2	2,02007E+12	BIMBALINA	PV2020
12	31291	CONJUNTO MOTO	15,92	19,9	OUTLET VERANO	1	ROJO	14	2,02008E+12	BIMBALINA	PV2020
13	31291	CONJUNTO MOTO	15,92	19,9	OUTLET VERANO	1	ROJO	16	2,02008E+12	BIMBALINA	PV2020

2.2. Borrado del Contenido de una Celda o Rango de Celdas

Esta opción elimina los datos, rótulos, gráficos e imágenes de una celda o rango de celdas. Al borrar un rango vaciamos más de una celda al mismo tiempo, ahorrando tiempo.

Seleccionaremos entonces la celda o rango a borrar, y pulsando el botón derecho del ratón hacemos clic en Borrar contenido.

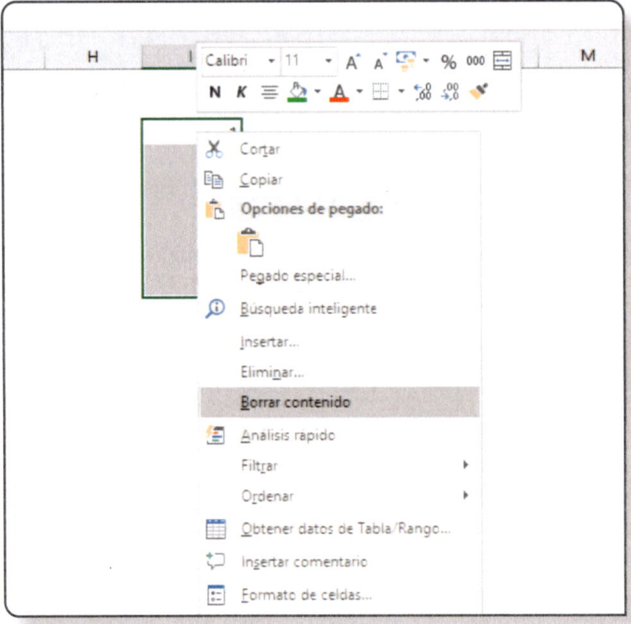

2.3. Uso del Corrector Ortográfico

Todas las aplicaciones que incluye Microsoft Office 2019 permiten la revisión ortografía y gramatical de los archivos.

Encontraremos el corrector ortográfico diferentes lugares de la cinta de opciones, según la aplicación que usemos.

Para realizar una revisión ortográfica desde el inicio de la hoja de cálculo, nos vamos a la pestaña Revisar, y pulsamos en Ortografía.

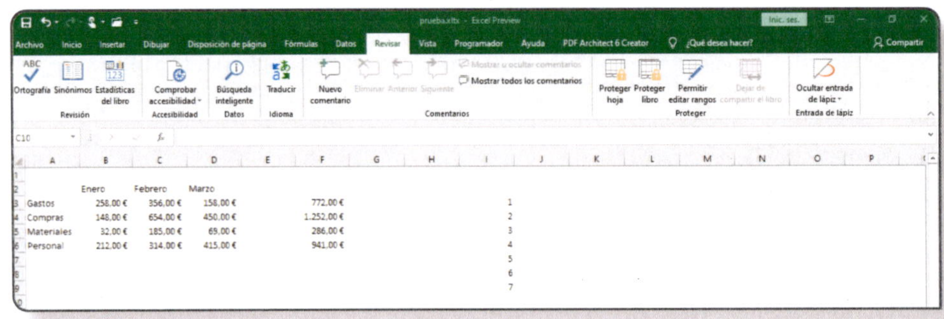

Si el corrector encuentra errores de ortografía, nos mostrara un cuadro de diálogo o un panel de tareas con la primera palabra mal escrita que detecte.

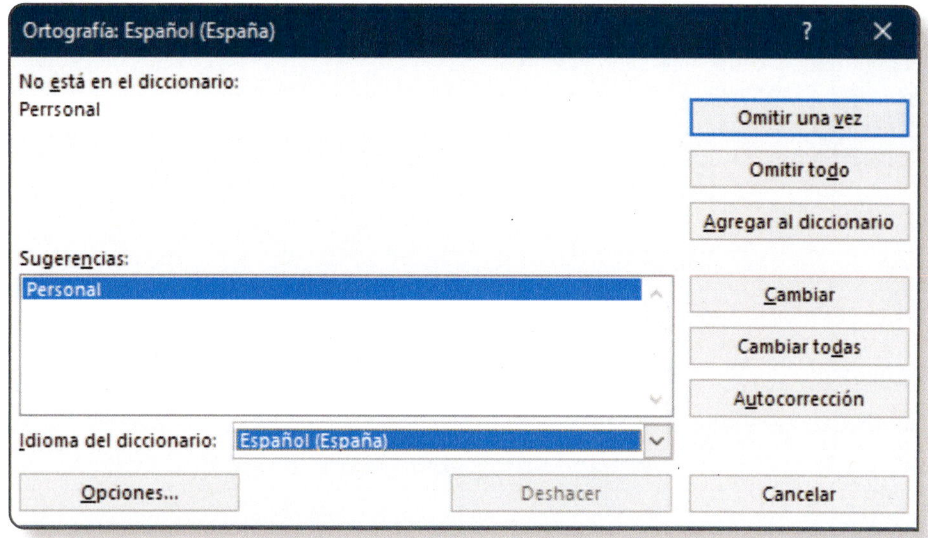

Después de corregir cada palabra mal escrita, el programa marcara las siguientes palabras incorrectas para que podamos decidir qué hacer.

2.4. Uso de las Utilidades de Búsqueda y Reemplazo

2.4.1. Buscar

La búsqueda es una potente herramienta para localizar rápidamente un dato o un rótulo en la hoja.

Las dos opciones de búsqueda que podemos activar son:

- Que el texto a buscar coincida exactamente con la cadena que escribimos.
- Que no distinga entre mayúsculas y minúsculas (por ejemplo, al buscar “ordenador” encuentra “OrDeNaDoR”).

Para realizar estas acciones, desde la pestaña Inicio, desplegamos Buscar y seleccionar, y pulsamos en Buscar… Acto seguido escribimos el texto a buscar, y vamos pulsando en Buscar siguiente hasta encontrar el texto deseado.

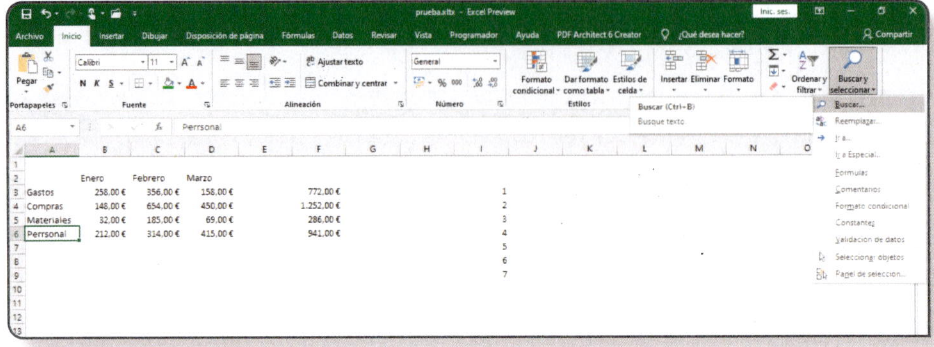

2.4.2. Reemplazar

Utilizaremos esta opción para poder localizar un dato o rótulo en la hoja y así poder sustituirlo por otro. Esta opción es muy útil para cambiar en toda una hoja de cálculo un dato (por ejemplo, el cambio del I.V.A. del 18% al 21%).

3. Inserción y eliminación

Excel 2019 nos permite la inserción y eliminación de celdas, filas, columnas y hojas de cálculo, si nuestra hoja lo requiere.

3.1. Celdas

Se pueden insertar celdas en blanco por encima o a la izquierda de la celda que tengamos activa en la hoja de cálculo en la que estemos trabajando.

Al insertar celdas en blanco, Excel desplaza las celdas en la misma fila hacia abajo o a la derecha para ajustar las celdas nuevas.

También podemos eliminar una celda o celdas de una hoja de cálculo.

3.1.1. Insertar

Para insertar una celda en blanco, nos situamos en la celda donde deseemos insertar la nueva celda. Desde la pestaña Insertar, pulsamos en Insertar.

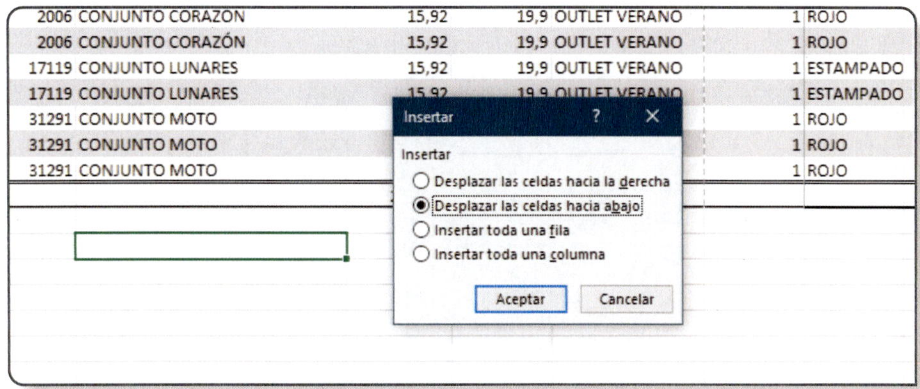

3.1.2. Eliminar

Para eliminar una celda, la seleccionamos y con el botón derecho del ratón pulsaremos en la opción Eliminar. De igual manera nos pedirá hacia donde queremos desplazar las celdas.

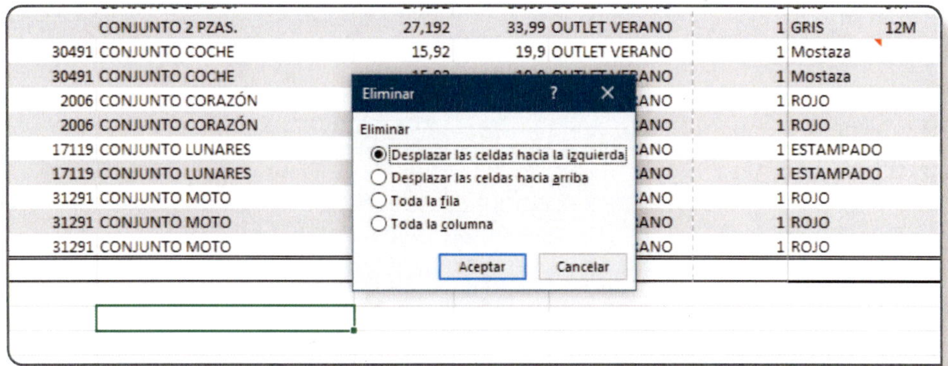

3.2. Filas

3.2.1. Insertar Filas

Esta opción añade una fila justo encima de la celda o rango que tengamos seleccionado. Una vez insertada podemos escoger el formato que adquirirá la fila, es decir, de la fila de arriba o de abajo, o bien, sin formato alguno.

Para insertar filas nuevas, nos situamos de nuevo en la celda donde queremos insertar la nueva fila, y desde el botón derecho del ratón desplegamos y elegimos Filas de la tabla.

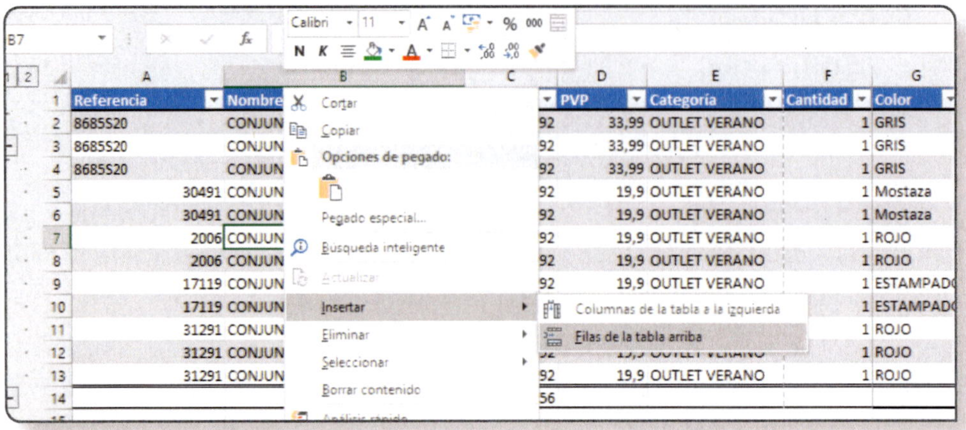

3.2.2. Eliminar Filas

Usaremos este procedimiento para borrar permanentemente una o varias filas de la hoja de cálculo. Igual que cuando borramos una columna, debemos seleccionar la celda o rango de la/s fila/s que vamos a suprimir.

Para ello debemos seleccionar la fila a eliminar, y desde el botón derecho del ratón pulsaremos en Eliminar.

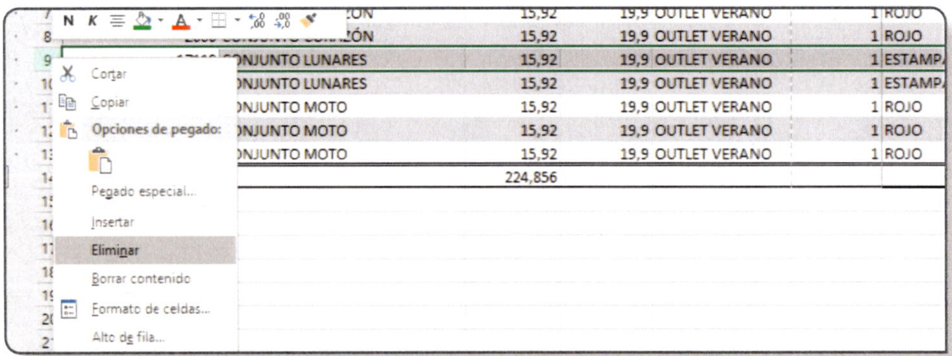

3.3. Columnas

3.3.1. Insertar Columnas

Esta opción es útil cuando tenemos la necesidad de intercalar una nueva columna en la hoja de datos. La nueva columna se insertará a la izquierda de la celda o rango seleccionado. Una vez insertada podemos escoger el formato que adquirirá la columna, es decir, de la columna de la derecha o de la izquierda, o bien, sin formato alguno.

La operación de insertar columnas es exactamente igual que la que hemos visto para las filas, pero en este caso elegimos Columnas.

3.3.2. Eliminar Columnas

Usaremos esta opción para borrar de forma permanente una o varias columnas de la hoja de cálculo. Para ello debemos tener previamente seleccionada la celda o rango de la/s columna/s que queramos suprimir.

La operación es exactamente igual que para las filas, sólo que en este caso debemos seleccionar la columna o columnas a eliminar.

3.4. Hojas de Cálculo

Excel 2019 predeterminadamente contiene una hoja de cálculo en un libro, pero podemos añadir más hojas de cálculo (y otros tipos de hojas, como hojas de gráficos, etc.) o suprimirlas, según necesitemos.

3.4.1. Insertar

Para insertar una hoja de cálculo delante de una ya existente, pulsaremos en el signo + que hay justo a la derecha de la pestaña activa o de la última pestaña de hoja de cálculo que hemos añadido.

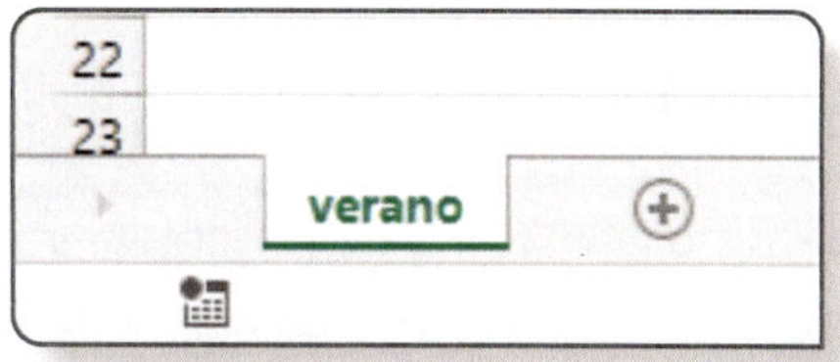

3.4.2. Eliminar

Para eliminar una hoja de cálculo delante de una ya existente, pulsamos con el botón derecho sobre su pestaña y hacemos clic en Eliminar.

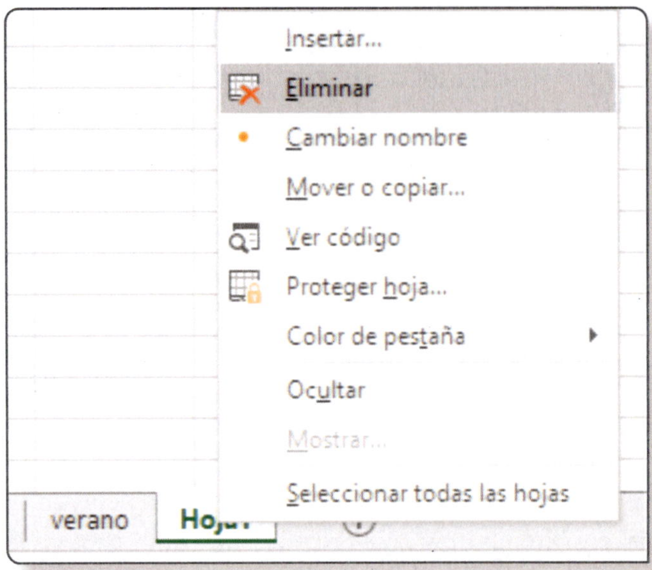

4. Copiado o reubicación de celdas

Podemos usar los comandos Cortar, Copiar y Pegar de Excel para mover o copiar el contenido o las celdas completas.

4.1. Celdas o Rangos de Celdas

4.1.1. Copiar

Esta opción genera un duplicado de una celda o un rango previamente seleccionado en otro lugar de la hoja o incluso en otra hoja diferente.

Para ello, seleccionamos la celda o rango que queremos copiar. Desde la pestaña de Inicio pulsamos en el icono Copiar, y una vez situados en la celda donde queremos copiar dichos datos, pulsaremos sobre Pegar.

4.1.2. Mover Datos

Con esta opción podremos trasladar datos seleccionados de una parte a otra de la hoja o incluso entre diferentes hojas de un libro.

Esta acción se realiza exactamente igual que la de Copiar y Pegar, pero en este caso, en vez del icono Copiar, debemos seleccionar el icono Cortar.

RESUMEN

- ⇨ En Excel tenemos la opción de eliminar datos, rótulos, gráficos e imágenes de una celda o rango de celdas.
- ⇨ Se pueden insertar o eliminar columnas y al mismo tiempo también filas. Las nuevas columnas se insertarán a la izquierda de la celda o rango seleccionado.
- ⇨ Mover o copiar celdas o rangos de celdas y hojas de cálculo.

ICB
EDITORES

UNIDAD

2.3. Descripción del proceso de configuración de celdas. Aplicación de formatos

Contenido de la Unidad

ICB
EDITORES

1. Formato de celda

Si deseamos cambiar la presentación de los datos que hemos introducido en la hoja de cálculo, Excel nos permite hacerlo desde la banda de opciones o desde el cuadro de dialogo Formato de celda, podremos cambiar Número, Alineación, Fuente, Bordes, Relleno y Protección de la celda.

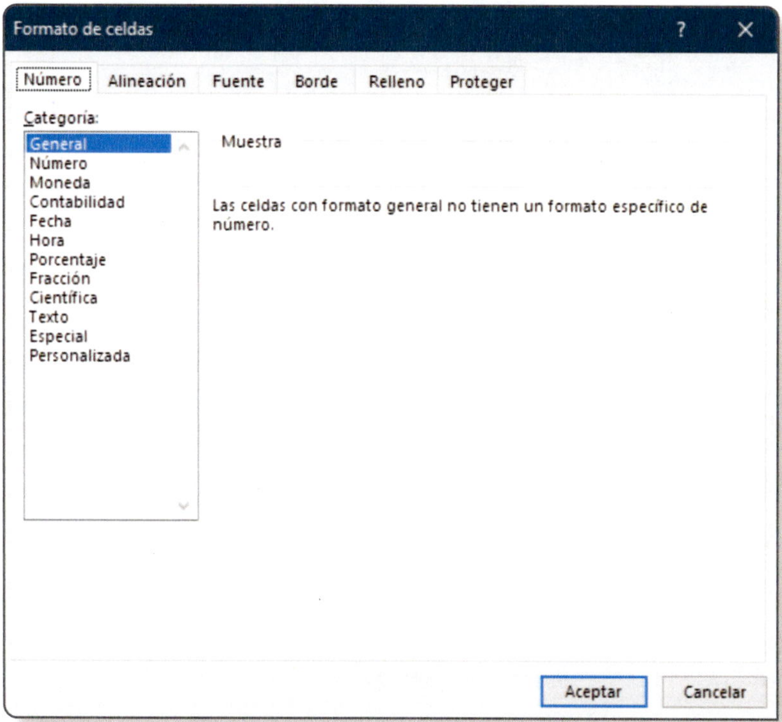

1.1. Número

Con Excel podemos modificar la representación de los números introducidos en las celdas. Excel incluye unos formatos predeterminados, es posible que el tipo de número que deseamos utilizar no se encuentre en la lista de categorías, por lo que podremos crear un tipo propio que se adapte a nuestras necesidades.

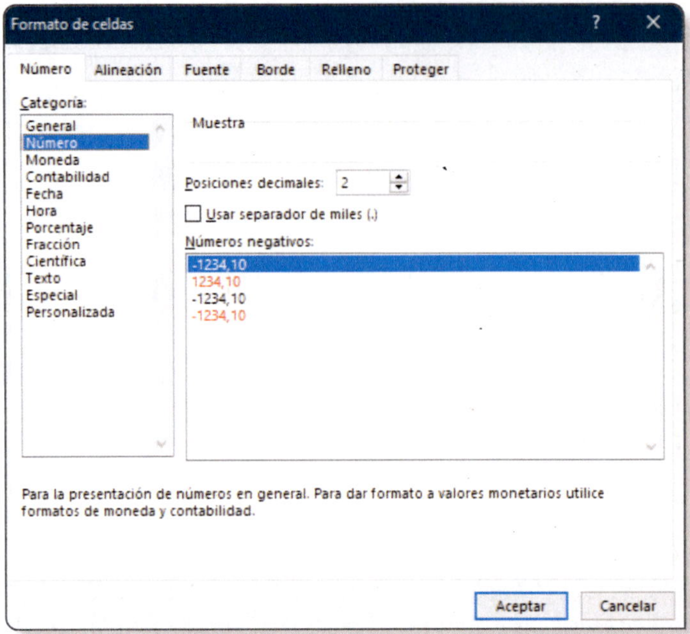

Dentro de la categoría Personalizada disponemos de gran cantidad de tipos que además se pueden modificar.

1.2. Alineación

La alineación se usa para colocar en línea el texto con respecto a los límites izquierdo, derecho, superior e inferior de la celda. Los tipos de alineación aplicables son:

- Horizontal: General, Izquierda, Central, Derecha, Rellenar, Justificar, Centrar a la Selección y Distribuido.
- Vertical: Superior, Centrar, Inferior, Justificar y Distribuido.

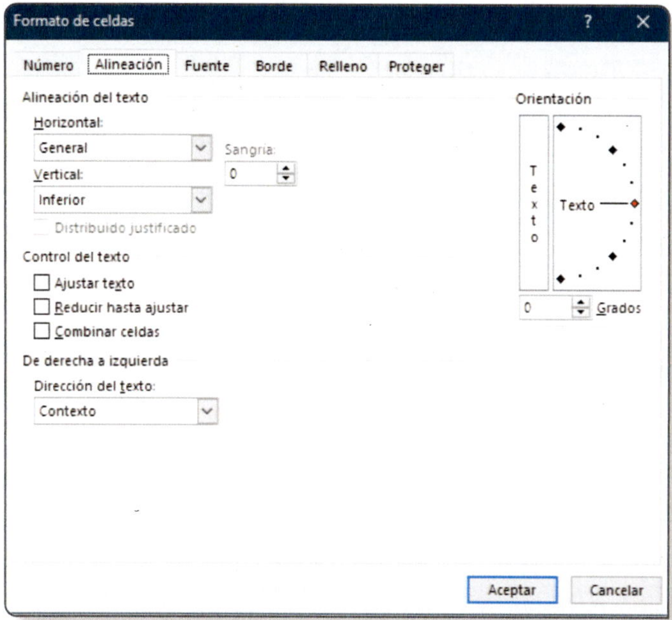

1.3. Fuente

Si deseamos cambiar la apariencia a la hora de mostrar los datos en una o un rango de celdas, podremos hacerlo cambiando la fuente, tamaño, estilo y color de los datos contenidos en las celdas.

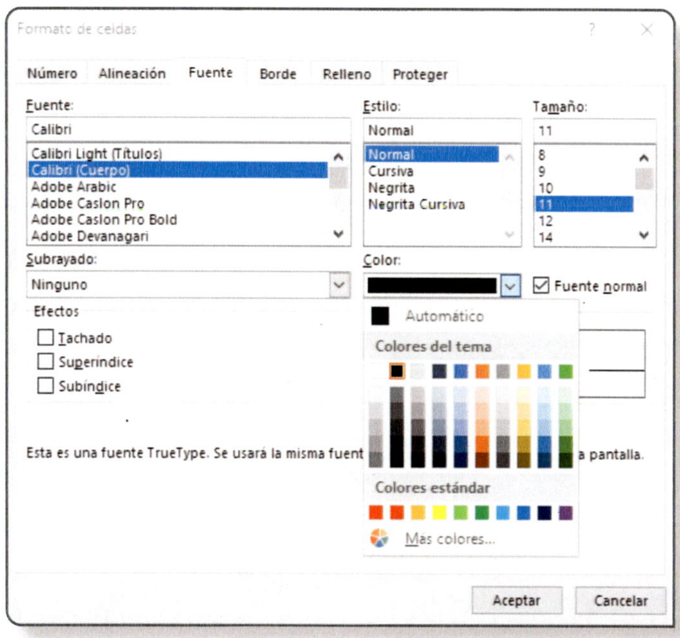

1.4. Bordes

En Excel podemos distinguir entre los bordes y las líneas de división:

- Las líneas de división demarcan los límites de las celdas y no se pueden eliminar (aunque sí desactivar).
- Los bordes son líneas superpuestas a las de división que pueden configurarse en grosor, color y estilo.

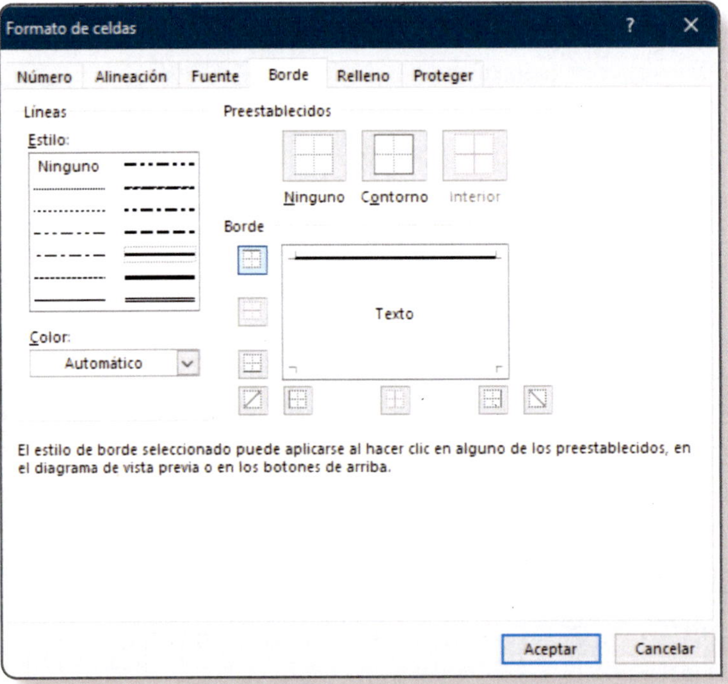

1.5. Relleno

El relleno es el color de fondo de las celdas y la trama es el diseño (motivo) que se encuentra justo encima. Puede ser punteado, rayado, etc. Usaremos esta herramienta para seleccionar el relleno y la trama de la celda o rango seleccionado.

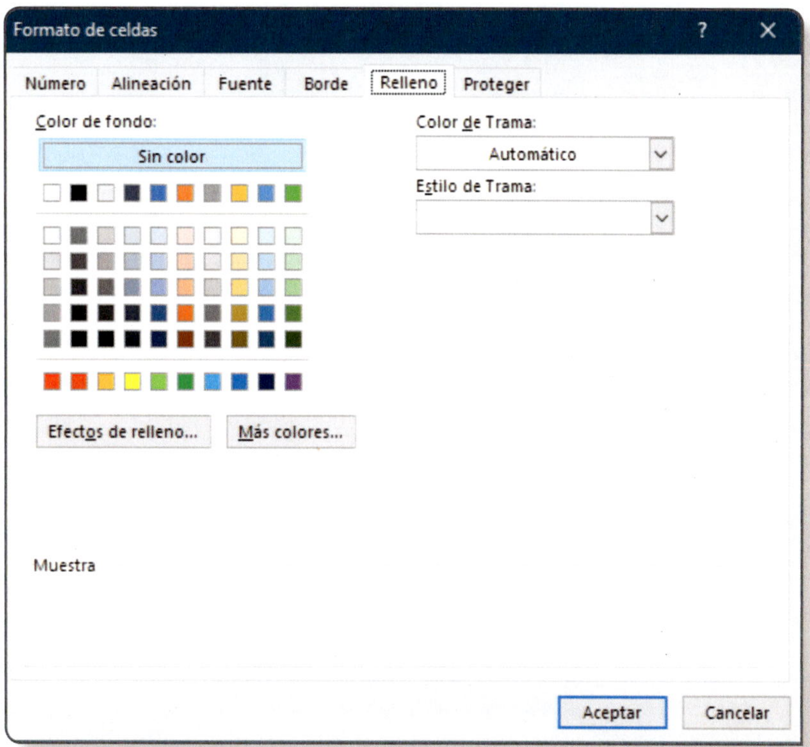

1.6. Protección

Si deseamos que el contenido de una o un rango de celdas no pueda sufrir modificaciones una vez introducidos los datos en ellas, podemos proteger la celda de dos maneras, bloqueándola u ocultándola.

2. Anchura y altura de las columnas y filas

En Excel es posible cambiar el ancho y la altura de las columnas y filas con diversas opciones. Desde la ficha Inicio y en el grupo Celdas, desplegando Formato, encontramos ambas opciones.

2.1. Anchura de columna

Esta opción nos permite cambiar el ancho de una o un rango de columnas.

Para ello, debemos seleccionar la columna completa, pulsando sobre la letra que la identifique. Pulsamos sobre el botón derecho y elegimos Ancho de Columna. Introducimos el valor del ancho de columna que deseamos.

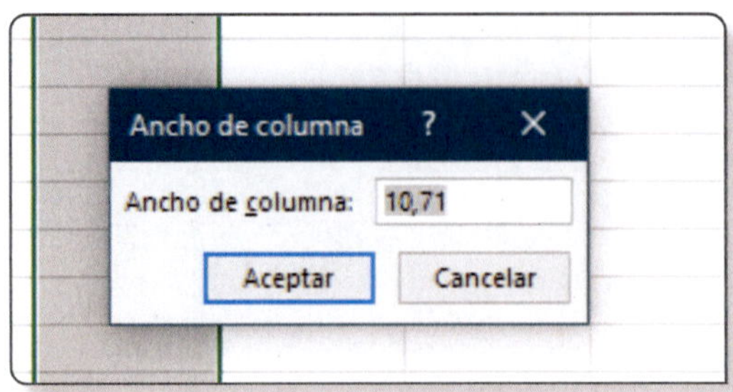

2.2. Altura de filas

Al modificar el alto de una celda cambiará, consecuentemente, la altura de toda la fila.

Podemos cambiar este valor cuando el tamaño del dato o rótulo exceda en altura al tamaño de la celda. De igual manera que hemos realizado anteriormente para la columna, haremos para la fila o filas seleccionadas.

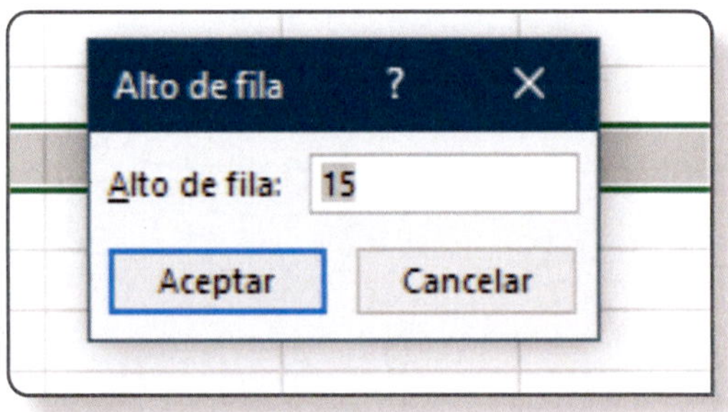

2.3. Altura de fila automática

Al usar esta opción vamos a permitir a Excel que modifique automáticamente el tamaño de cada fila seleccionada para que ésta se adapte a los caracteres de mayor tamaño.

Para realizar esta opción, desde la pestaña de Inicio pulsaremos en el icono formato, y elegimos en el desplegable la opción de Autoajustar alto de fila.

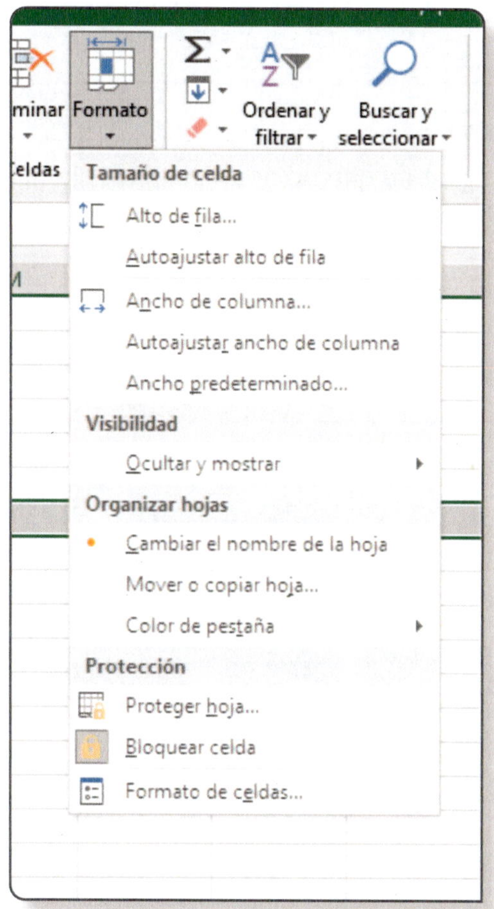

2.4. Anchura automática de columna

Esta herramienta es análoga a la anterior, pero en este caso es la columna la que aumenta o disminuye en tamaño para adaptarse al dato o rótulo de mayor longitud.

Para ello, debemos seleccionar la columna completa, pulsando sobre la letra que la identifique.

Para realizar esta opción, desde la pestaña de Inicio pulsaremos en el icono formato, y elegimos en el desplegable la opción de Autoajustar ancho de columna.

3. OCULTANDO Y MOSTRANDO COLUMNAS, FILAS U HOJAS DE CÁLCULO

Las líneas de división son las marcas que delimitan una celda, con este procedimiento conseguimos que no aparezcan en pantalla ni en la impresión en papel.

Desde la pestaña de archivos, abajo, pulsaremos en Más, y después en Opciones. Seleccionaremos Avanzadas, y buscaremos la opción de Mostrar Líneas de división, y desmarcaremos esta opción.

4. FORMATO DE LA HOJA DE CÁLCULO

En Excel 2019 encontramos una serie de formatos predefinidos que podemos aplicar a un rango de celdas o a la hoja si la seleccionamos toda. Podemos crear un estilo nuevo personalizado y añadirlo.

Para aplicar un formato a la hoja, seleccionaremos el rango de celdas y pulsaremos sobre Dar formato como tabla y elegimos la deseada.

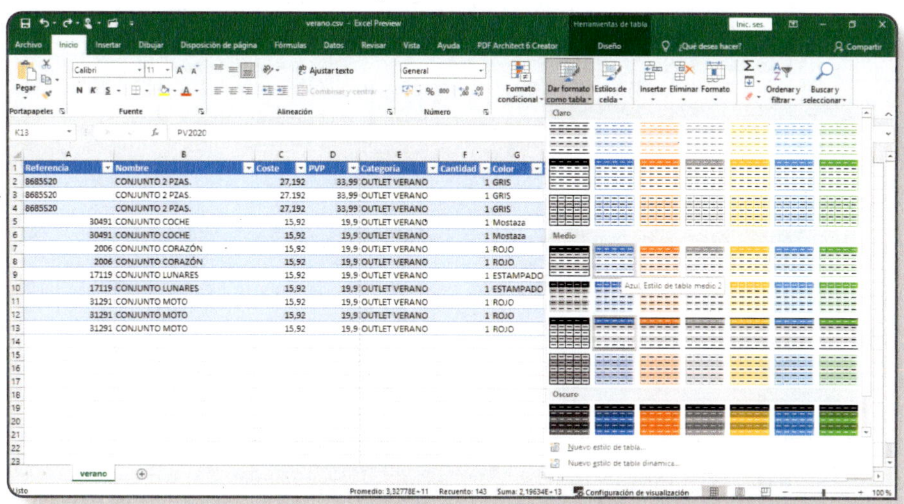

5. Cambio de nombre de una hoja de cálculo

Al iniciar un libro nuevo, Excel incluye tres hojas de cálculo, podemos añadir o borrar hojas y cambiarles el nombre, de esta forma podemos distinguir a que pertenecen los datos introducidos en cada una de ellas.

Los nombres de las hojas se encuentran en la parte inferior en la barra de las fichas de hojas. Para cambiarlos tan solo debemos pulsar con el botón derecho del ratón sobre la ficha y ponemos el nombre deseado.

6. Formatos condicionales

El formato condicional es una funcionalidad de gran utilidad para realizar un análisis de datos ya que podemos asignar un formato especial a un rango de celdas en base al valor de otra celda. Esto nos permitirá aplicar un tipo de fuente específico o un color de relleno diferente para las celdas que cumplan con las reglas que fijemos y así poder localizarlas fácilmente en pantalla. Podemos asignar a un rango de datos los formatos condicionales preestablecidos o crear nuestros propios formatos condicionales.

Para aplicar un formato condicional debemos seleccionar el rango de celdas, y desplegamos el icono Formato condicional.

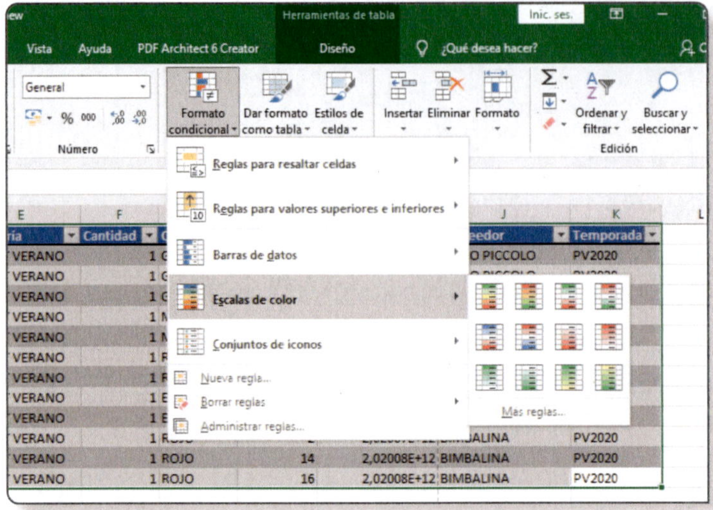

7. AUTOFORMATOS O ESTILOS PREDEFINIDOS

Excel nos ofrece una galería de estilos para poder asignarle a una o un rango de celdas, pudiendo de esta manera asignarles un formato que las distinga del resto, ya sea para personalizar la forma de representar unos valores o por destacar ciertas celdas.

Para aplicar un estilo a un rango de celdas seleccionaremos un rango de celdas, y desplegamos Estilos de Celda para elegir un estilo.

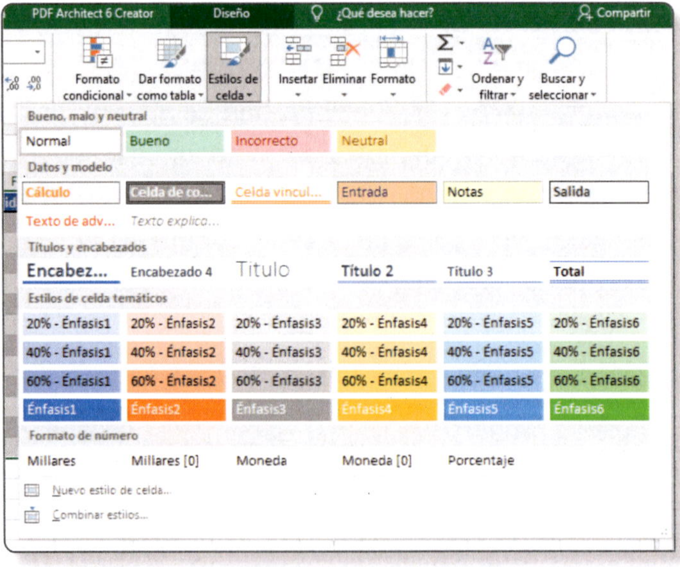

RESUMEN

- Es posible que el tipo de número que deseamos utilizar no se encuentre en la lista de categorías, por lo que tendremos que crear un tipo propio que se adapte a nuestras necesidades.
- La alineación se usa para colocar en línea el texto con respecto a los límites izquierdo, derecho, superior e inferior de la celda. Los tipos de alineación aplicables son horizontal y vertical.
- Aplicar una fuente, con su estilo, tamaño y color a una o un rango de celdas.
- Dotar a de un borde a las celdas, definiendo el estilo de línea, color y bordes a utilizar.
- Asignar un relleno de color o una trama a las celdas.
- Las posibles formas de proteger celdas, ya sea bloqueándolas u ocultándolas en la hoja.

ICB
EDITORES

UNIDAD

2.4. Operaciones con rangos

Contenido de la Unidad

- Relleno rápido de un rango
- Selección de varios rangos
- Nombres de rangos
- Resumen

ICB
EDITORES

1. Relleno rápido de un rango

Si tenemos que completar una serie de datos que se basan en los introducidos en otras celdas o tiene un patrón, podremos usar la característica Autorrelleno, utilizaremos el controlador de relleno.

Para rellenar rápidamente un rango o serie de datos seleccionamos la celda donde este el dato patrón, pulsamos sobre el controlador de relleno y arrastramos hacia el rango de celdas a rellenar.

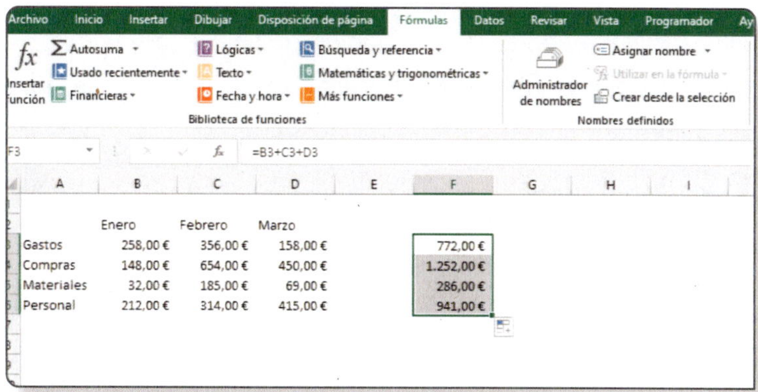

También podemos utilizar el controlador de relleno con el botón derecho del ratón (menú contextual), con lo que podremos elegir entre diversas opciones de llenado rápido.

Para crear una serie de datos desde un valor introducido en una celda seleccionamos dicha celda y, al igual que en el caso anterior, arrastramos hacia el rango de celdas a rellenar.

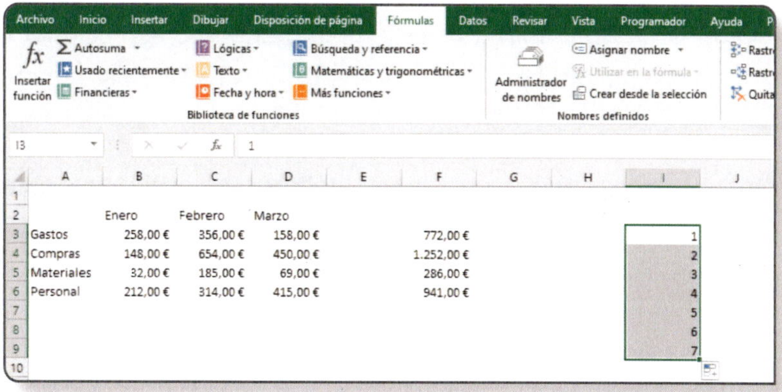

2. Selección de varios rangos

Cuando hablamos de rango de celdas, asimilamos que es un conjunto de celdas adyacentes, pero puede que necesitemos seleccionar varios conjuntos rangos de celdas, que no estén contiguas, ya sea dentro de la misma hoja (rango múltiple) o en diferentes hojas (rango tridimensional)

2.1. Rango Múltiple

Para crear un rango múltiple seleccionamos la primera columna de datos, y con la tecla Ctrl presionada, seleccionamos el resto de columnas o datos.

Una vez seleccionado un rango múltiple, podremos por ejemplo copiarlos a otra hoja del libro.

2.2. Rango Tridimensional

Este tipo de rango se utiliza cuando necesitamos datos de otras hojas o libros. Por ejemplo sumar los ingresos o gastos de las hojas de cada mes en una hoja de totales.

Para crear un rango Tridimensional seleccionamos la celda que será el resultado, y escribimos la función SUMA. Hacemos clic en la hoja 1 y seleccionamos la celda con los datos para la función. Repetimos esto para las hojas necesarias para completar la función.

3. Nombres de rangos

Un bloque es una celda o un rango de celdas al que podemos hacer referencia mediante un nombre. Por ejemplo, podemos seleccionar un rango de 12 celdas correlativas con los nombres de los 12 meses, y llamar a ese bloque AÑO.

Para definir un nombre a un rango debemos seleccionar ese rango de datos o celdas y desde la pestaña Fórmulas, desplegamos en Asignar nombre, y pulsamos en definir. Introducimos el nombre deseado y pulsamos Aceptar.

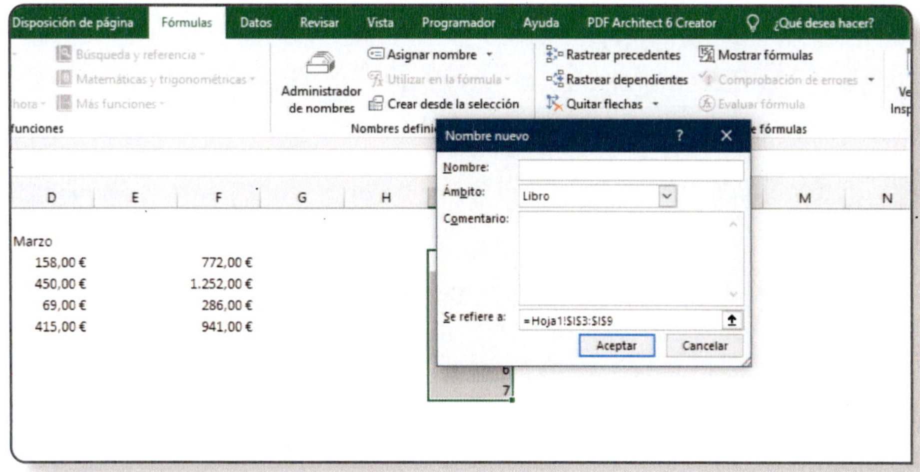

3.1. Administrador de nombres

Esta herramienta permite comprobar la lista de bloques creados para una hoja determinada.

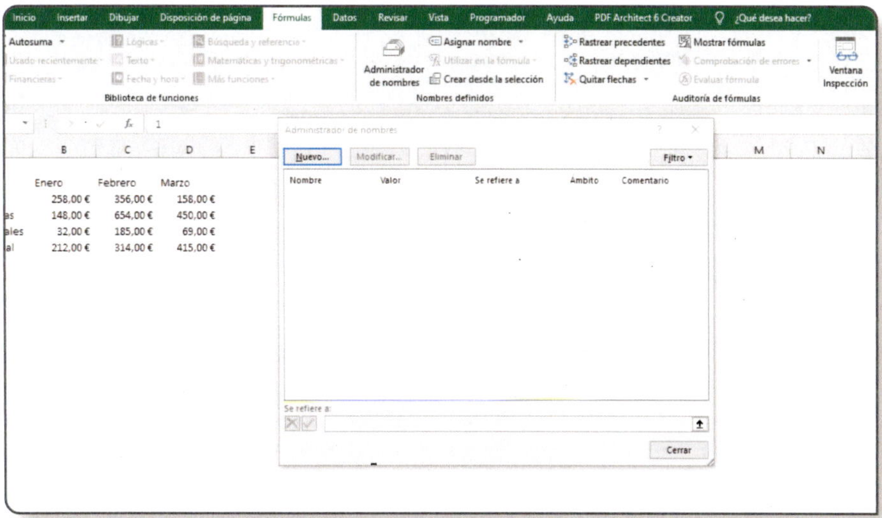

3.2. Eliminar nombres

Usaremos esta opción para borrar permanentemente un bloque de la lista. Tan sólo tenemos que seleccionar el rango en el Administrador de nombres, y pulsar Eliminar.

RESUMEN

- ⇨ Manejo del autorelleno de rango de datos o relleno rápido, ya sea duplicar datos o completar una serie de datos.
- ⇨ Seleccionar rangos múltiples o tridimensionales y su utilización práctica.
- ⇨ Asignar nombres a un rango y la administración de estos.

UNIDAD

2.5. Determinación de la configuración de formato

Contenido de la Unidad

- Zonas de impresión
- Especificaciones de impresión
- Configuración de página
- Vista preliminar
- Resumen

ICB
EDITORES

1. Zonas de impresión

Los datos que introducimos en la hoja de cálculo, podemos mandarlos imprimir, Excel enviara todo el contenido de la hoja a la impresora. Cuando se trata de una hoja muy grande, puede que solo nos interese imprimir solo una parte de esta, es cuando hablamos de definir una zona de impresión o área de impresión.

Un área de impresión es uno o más rangos de celdas que se seleccionan para imprimir cuando no queremos imprimir toda la hoja de cálculo. Cuando imprimamos la hoja de cálculo después de haber asignado un área de impresión, solo se imprimirá esta área.

Al área de impresión se le pueden agregar celdas para ampliarla según necesitemos y también podemos borrar el área de impresión para imprimir la hoja de cálculo completa.

Una hoja de cálculo puede tener varias áreas de impresión, cada una de las cuales se imprimirá en una página separada.

Para asignar un área de impresión debemos seleccionar un rango de celdas. Nos dirigimos a la pestaña Disposición de página y pulsamos en el desplegable Área de impresión y pulsamos en Establecer área de impresión.

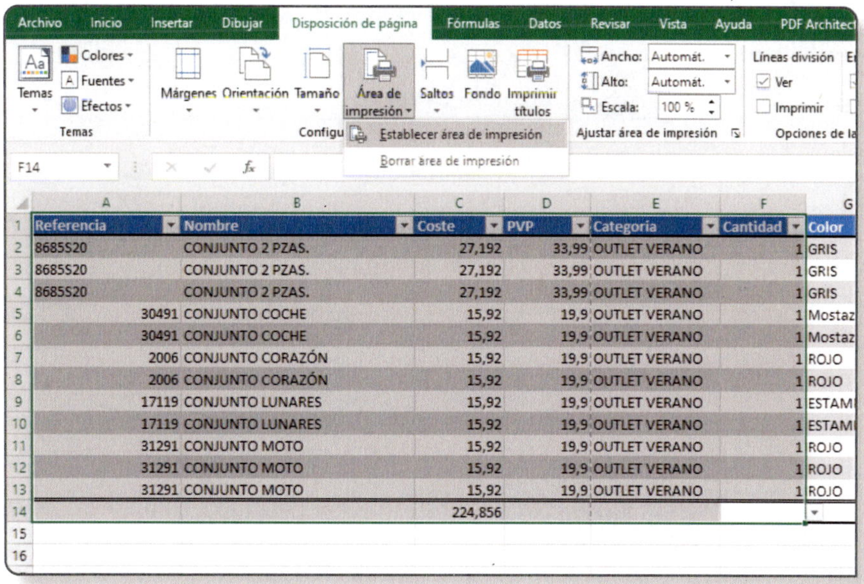

	A	B	C	D	E	F	G
1	Referencia	Nombre	Coste	PVP	Categoría	Cantidad	Color
2	8685S20	CONJUNTO 2 PZAS.	27,192	33,99	OUTLET VERANO	1	GRIS
3	8685S20	CONJUNTO 2 PZAS.	27,192	33,99	OUTLET VERANO	1	GRIS
4	8685S20	CONJUNTO 2 PZAS.	27,192	33,99	OUTLET VERANO	1	GRIS
5	30491	CONJUNTO COCHE	15,92	19,9	OUTLET VERANO	1	Mostaz
6	30491	CONJUNTO COCHE	15,92	19,9	OUTLET VERANO	1	Mostaz
7	2006	CONJUNTO CORAZÓN	15,92	19,9	OUTLET VERANO	1	ROJO
8	2006	CONJUNTO CORAZÓN	15,92	19,9	OUTLET VERANO	1	ROJO
9	17119	CONJUNTO LUNARES	15,92	19,9	OUTLET VERANO	1	ESTAM
10	17119	CONJUNTO LUNARES	15,92	19,9	OUTLET VERANO	1	ESTAM
11	31291	CONJUNTO MOTO	15,92	19,9	OUTLET VERANO	1	ROJO
12	31291	CONJUNTO MOTO	15,92	19,9	OUTLET VERANO	1	ROJO
13	31291	CONJUNTO MOTO	15,92	19,9	OUTLET VERANO	1	ROJO
14			224,856				
15							
16							

2. Especificaciones de impresión

Para obtener una impresión de nuestra hoja de cálculo, no solo basta con darle la orden de imprimir, una vez pulsada la opción de imprimir, tendremos que especificar una serie de parámetros, impresora si tenemos más de una, número de copias, etc. Con Imprimir podremos realizar una o varias copias en papel de todas o de alguna de las hojas de cálculo.

Para ello, nos dirigimos a Archivo y pulsamos en Imprimir. Se nos muestra en la pantalla central todas las opciones que podemos configurar sobre la impresión.

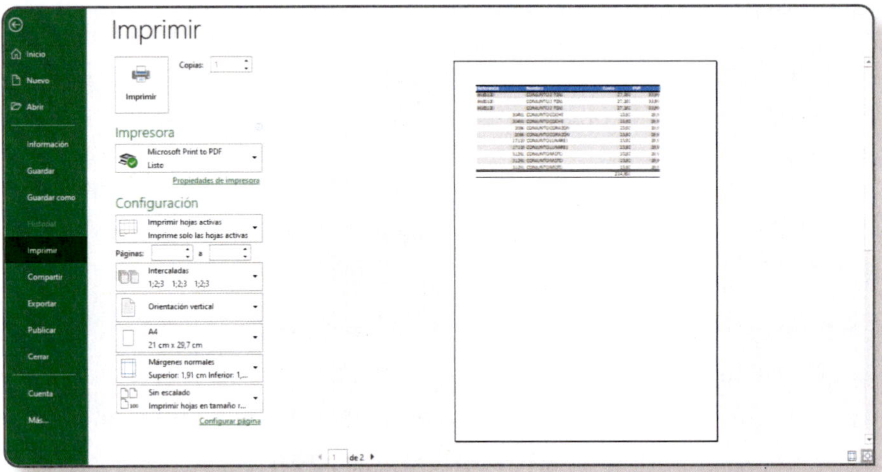

3. Configuración de página

Al imprimir, Excel 2019, nos facilita en una misma pantalla una previsualización y las opciones para realizar diversas configuraciones, página, impresora, etc.

3.1. Márgenes, Orientación, Encabezados y Pies y Numeración de Página

Una vez nos encontramos en vista preliminar y antes de imprimir, podemos configurar el tamaño de la página, los márgenes de la hoja y el encabezado y pie de página. Para estas opciones tenemos que configurar las opciones que aparecen en la barra derecha de la opción de imprimir que hemos visto en el apartado anterior.

4. VISTA PRELIMINAR

Excel unifica en la opción imprimir lo que en otras versiones anteriores era la vista preliminar, esto nos facilita tener una vista general de la hoja antes de imprimirla. De esta forma, si existe algún error de distribución, tendremos la oportunidad de corregirlo antes de malgastar papel, tinta y tiempo.

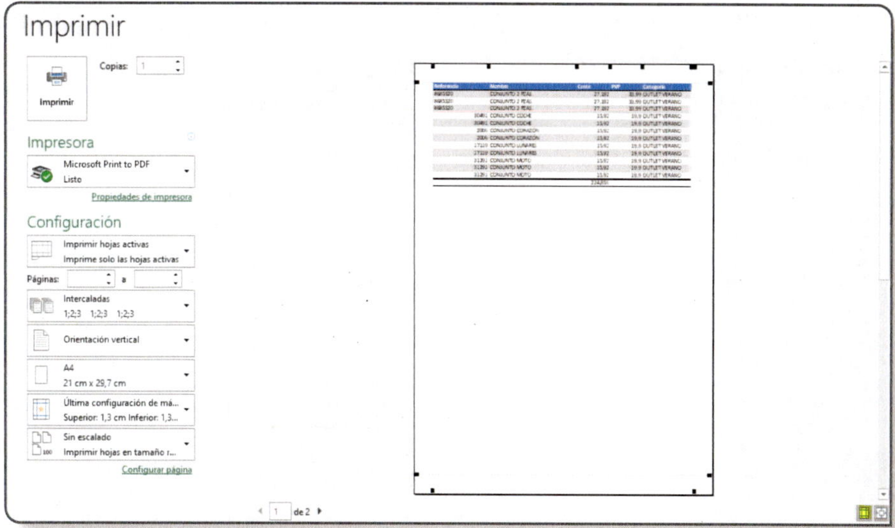

4.1. Formas de Impresión

Desde la opción de imprimir podremos tener diversas formas de impresión, dependiendo de las opciones que seleccionemos.

4.2. Configuración de Impresora

Desde aquí podremos ajustar las diversas opciones de la impresora que este seleccionada o instalada en nuestro equipo antes de realizar la impresión.

Resumen

- ⇨ La vista preliminar nos permite tener una visión general previa antes de imprimirla. De esta forma, si existe algún error de distribución, tendremos la oportunidad de corregirlo antes de malgastar papel, tinta y tiempo.
- ⇨ En vista preliminar y antes de imprimir, podemos configurar el tamaño de la página, los márgenes de la hoja y el encabezado y pie de página.
- ⇨ Para la impresión se puede realizar una o varias copias en papel de todas o de alguna de las hojas de cálculo.

MÓDULO

3.Fórmulas, Funciones, Gráficos y Referencias externas

Contenido del Módulo

ICB
EDITORES

UNIDAD

3.1. Identificacion y aplicación de Fórmulas

Contenido de la Unidad

- Operadores y prioridad
- Escritura de fórmulas
- Copia de fórmulas
- Referencias relativas, absolutas y mixtas
- Referencias externas y vínculos
- Resolución de errores en las fórmulas
- Resumen

ICB
EDITORES

1. OPERADORES Y PRIORIDAD

Para realizar cálculos en Excel, necesitaremos utilizar operadores, estos especifican el tipo de cálculo que deseamos hacer sobre los elementos de la formula.

Hay un orden predeterminado en el que tienen lugar los cálculos, este orden puede cambiar al utilizar paréntesis.

1.1. Operadores aritméticos

Con estos operadores podremos ejecutar las operaciones matemáticas básicas como suma, resta o multiplicación, combinar números y generar resultados numéricos, utilice los siguientes operadores aritméticos.

Operador Aritmético	Significado	Ejemplo
+ (signo más)	Suma	5+5
– (signo menos)	Resta Negación	5–2 –2
* (asterisco)	Multiplicación	5*5
/ (barra oblicua)	División	5/5
% (signo de porcentaje)	Porcentaje	30%
^ (acento circunflejo)	Exponenciación	5^3

1.2. Operadores de comparación

Si necesitamos comparar dos valores utilizaremos los siguientes operadores.

Operador de Comparación	Significado	Ejemplo
= (signo igual)	Igual a	C1=D1
> (signo mayor que)	Mayor que	C1>D1
< (signo menor que)	Menor que	C1<D1
>= (signo mayor o igual que)	Mayor o igual que	C1>=D1
<= (signo menor o igual que)	Menor o igual que	C1<=D1
<> (signo distinto de)	Distinto de	C1<>D1

Cuando comparamos valores aplicando estos operadores, el resultado será un valor lógico: VERDADERO o FALSO.

1.3. Operador de concatenación de texto

Para concatenar (unir) una o varias cadenas de texto para lograr generar un solo bloque de texto, utilizaremos el signo (&) "y".

Operador de texto	Significado	Ejemplo
& ("y")	Une o concatena valores de texto para generar un valor continuo de texto	("Sin "&"I.V.A.")

1.4. Operadores de referencia

Con estos operadores podemos combinar rangos de celdas a la hora de realizar cálculos.

Operador de referencia	Significado	Ejemplo
: (dos puntos)	Este operador de rango genera una referencia a todas las celdas entre dos referencias, éstas incluidas.	B5:B15
; (punto y coma)	Operador de unión, que combina varias referencias en una sola	SUMA (B5:B15;D5:D15)
(espacio)	Operador de intersección, que genera una referencia a las celdas comunes a las dos referencias	

2. Escritura de fórmulas

Las fórmulas de Excel son expresiones ya sean numéricos o texto creada por el usuario que nos permite obtener resultados.

Están formadas por signos aritméticos, referencias a celdas y valores numéricos.

Podemos escribir una fórmula directamente en la celda que nos encontremos o posicionarnos en la barra de fórmulas y escribir en ella.

Para escribir una fórmula seleccionamos una celda y escribimos en ella el signo =, y a continuación insertamos los elementos de expresión y signos aritméticos.

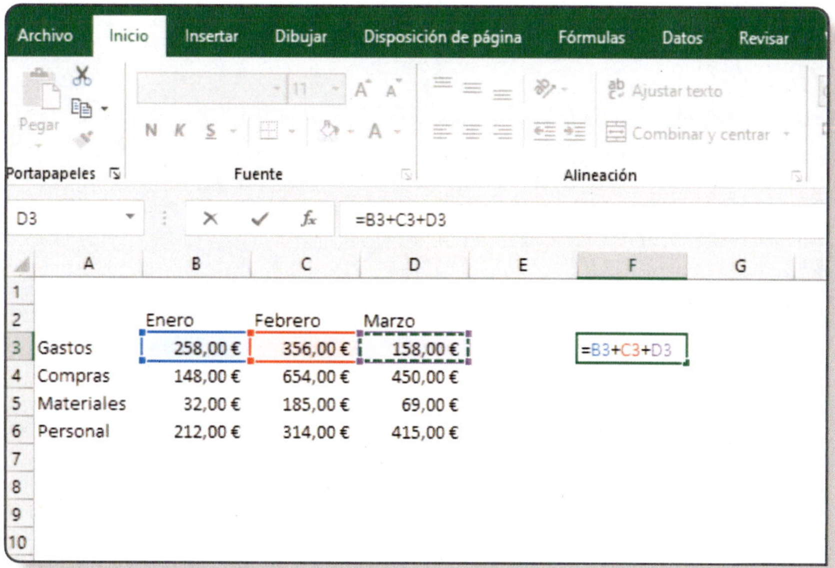

3. Copia de fórmulas

Al copiar una fórmula hemos de tener en cuenta la referencia (relativa o absoluta) a celdas que existan en ella. Cuando copiamos una fórmula, las referencias de celda pueden cambiar en función del tipo de referencia de celda que utilicemos. Si lo que nos interesa es copiar el resultado de la fórmula, podremos hacerlo.

Para copiar una fórmula, seleccionaremos la celda donde se encuentra la fórmula y pulsamos en el icono Copiar. Nos situamos en la celda donde queremos copiarla y pulsamos en el icono Pegar.

4. Referencias relativas, absolutas y mixtas

4.1. Referencia Relativa

Sabemos que una celda viene indicada por su posición (fila y columna) en la hoja. Al copiar una celda que contiene una fórmula, las direcciones de celdas contenidas en la fórmula copiada se modifican de acuerdo a la nueva situación de la celda que contiene la fórmula.

Por ejemplo, si copiamos la siguiente fórmula (incluida en A5) en la celda de la derecha (B5), ocurrirá lo siguiente:

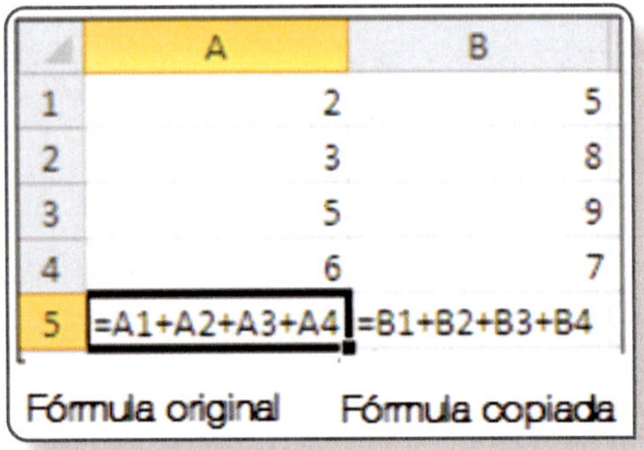

Excel interpreta la fórmula de la izquierda como la suma de las cuatro celdas situadas por encima, por lo que al realizar la copia, ha trasladado las operaciones de la columna A a la B.

4.2. Referencia Absoluta

Existen casos en que debe ser preciso que la copia de una fórmula no modifique las direcciones de celda de la misma.

Para ello es necesario crear la fórmula utilizando direcciones Absolutas. Para transformar una dirección de celda relativa en absoluta hay que incluir el símbolo $ delante de la letra de la columna y delante del número de fila.

Por ejemplo: =$A$1 + $B$3

	A	B
1	2	5
2	3	8
3	5	9
4	6	7
5		
6	=$A$1+$B$3	
7		
8		=$A$1+$B$3

Fórmula original

Fórmula copiada

4.3. Referencia Mixta

Aunque sólo se utilice en algunos casos, Excel permite usar la referencia mixta que, como su nombre indica, es una mezcla entre la relativa y la absoluta (podemos “fijar” la columna y “variar” la fila al hacer la copia y viceversa). Así, tendríamos, por ejemplo, la siguiente fórmula: = A$1 + $B3. Donde el símbolo $ indica la columna o fila absoluta, es decir, invariable.

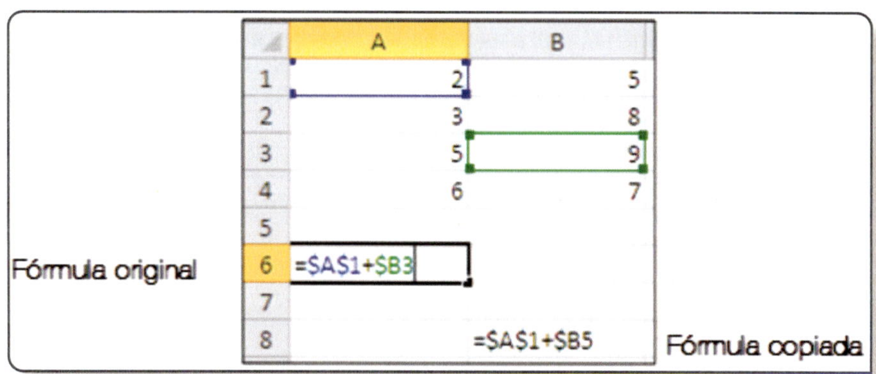

4.4. Operadores

Los operadores son una serie de comandos utilizados para crear referencias y fórmulas:

- Rango (:) Dos puntos. Podemos crear una referencia abarcando las celdas intermedias a las dos especificadas. Por ejemplo: A1:A4.

	A	B
1	2	5
2	3	8
3	5	9
4	6	7
5	=SUMA(A1:A4)	

- Unión (;) Punto y coma. Creamos una referencia a celdas específicas, no a su intervalo ni a un rango. Por ejemplo: A1; B2; A3.

	A	B
1	2	5
2	3	8
3	5	9
4	6	7
5	=SUMA(A1;B2;A3)	

- Intersección (espacio) Hacemos así referencia a las celdas o rango común entre dos referencias. Por ejemplo: A1:A3 A2:C2. La celda en común en este caso sería A2.

	A	B	C
1	2	5	
2	3	8	
3	5	9	
4	6	7	
5	=SUMA(A1:A3 A2:C3)		

Cuando introducimos una fórmula o una referencia podemos escribir el nombre de las celdas o bien hacer clic con el ratón sobre cada una de ellas tras haber escrito el signo = y después de cada operador.

5. REFERENCIAS EXTERNAS Y VÍNCULOS

Cuando incluimos una referencia dentro de una fórmula, podemos hacerlo a otras celdas, hojas o incluso a otros libros.

Así, podemos organizar nuestro trabajo en varios libros y unir los resultados en uno.

Existen varios tipos de vínculos en Excel:

- Referencia externa: referencia a celdas y rangos de otros libros de trabajo.
- Libro dependiente: es aquel libro que contiene vínculos con otros libros y, por tanto, depende de éstos.
- Libro origen: es aquel libro que contiene los datos a que hace referencia una fórmula de otro libro mediante una referencia externa.

Para crear referencias externas, debemos indicar con exactitud la posición del archivo. Indicaremos la unidad, precedido de apóstrofe (´), seguido de la ruta donde se encuentre el archivo y el nombre de éste entre corchetes.

A continuación, el nombre de la hoja seguido de un apóstrofo y de un signo de admiración. Por último, indicaremos la referencia a la celda o rango de celdas origen.

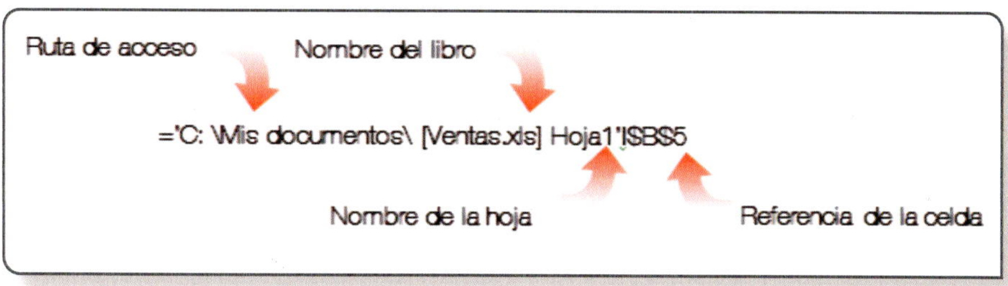

Escribir esta referencia puede resultar engorroso y podemos cometer fácilmente un error de escritura.

Por esto, podemos realizar esta referencia usando el ratón; para ello, tendremos abiertos el libro origen y el libro en el que vamos a crear la referencia externa.

En el libro que contendrá la referencia externa debemos introducir =SUMA(para comenzar la fórmula.

Después hacemos clic en la pestaña Vista y desplegamos Cambiar ventanas, seleccionamos la hoja que será el archivo origen, y pulsamos Enter.

Cuando el libro origen se encuentra abierto, la referencia externa se muestra sin la ruta de acceso; cuando el libro esté cerrado, la referencia externa mostrará la ruta completa.

6. Resolución de errores en las fórmulas

Cuando empleamos fórmulas podemos cometer errores ya sea en su sintaxis o en el planteamiento de esta, lo que en ocasiones, puede producir valores de error además de devolver resultados inesperados.

6.1. Tipos de Errores

Cuando no empleamos la sintaxis, los argumentos o los tipos de datos esperados en la fórmula. Nos pueden aparecer algunos de estos errores, #####, #¡DIV/0!, #N/A, #¿NOMBRE?, #¡NULO!, #¡NÚM!, #¡REF! y #¡VALOR! Cada uno de ellos, se produce por causas diferentes y se solucionan de diferentes maneras. La siguiente tabla contiene vínculos a artículos que describen estos errores detalladamente, así como una breve descripción para ayudarlo a comenzar.

Tipo Error	Descripción	Corrección
#####	Este error se muestra cuando el ancho de una columna no es suficiente para mostrar todos los caracteres de una celda o cuando una celda incluye valores negativos en la fecha o la hora.	Aumentar el ancho de la columna para ajustar el texto. Aplicar un formato de número o fecha diferente.
# ¡DIV/0!	Excel muestra este error cuando un número se divide por cero (0) o por una celda que no contiene ningún valor.	Comprobar que el divisor en la función o fórmula no sea ni cero (0) ni esté en blanco. Cambiar la referencia de celda de la fórmula a otra celda que no contenga ni cero ni un valor en blanco. Escribir el valor #N/A en la celda a la que se hace referencia como divisor de la fórmula.
#N/A	Excel muestra este error cuando un valor no está disponible para una función o una fórmula.	Si hemos escrito manualmente # N/A en una celda, reemplacémoslo por datos reales si esos datos ahora están disponibles. Aseguremos que el libro que contiene la función de la hoja de cálculo esté abierto y de que la función esté operando correctamente.

# ¿NOMBRE?	Este error aparece cuando Excel no reconoce el texto de una fórmula. Por ejemplo, el nombre de un intervalo o de una función puede estar mal escrito.	Aseguremos que el nombre al que hace referencia en la fórmula realmente exista. Corregiremos la ortografía de un nombre mal escrito al cual hizo referencia en una fórmula. Aseguremos que en todas las referencias del rango de celdas de la fórmula se usen dos puntos (:).Si la fórmula hace referencia a valores o celdas de otras hojas de cálculo u otros libros y el nombre de esa hoja de cálculo o libro contiene un carácter no alfabético o un espacio, debe encerrar los nombres entre comillas simples (') en la fórmula.
# ¡NULO!	Por ejemplo, las áreas A1:A2 y C3:C5 no forman intersección, de modo que al escribir la fórmula =SUMA (A1:A2 C3:C5) se devuelve el error # ¡NULO!	Aseguremos de usar un operador de rango correcto. Cambiaremos la referencia para que los rangos formen una intersección.
# ¡NÚM!	Excel muestra este error cuando una fórmula o función contiene valores numéricos no válidos.	Aseguremos de que los argumentos usados en la función sean numéricos. Usaremos otro valor inicial para la función de la hoja de cálculo. Cambie la cantidad de veces que Excel repite las fórmulas

# ¡REF!	Excel muestra este error cuando una referencia de celda no es válida. Por ejemplo, cuando se eliminan celdas a las que hacían referencia otras fórmulas o se pegan celdas movidas sobre otras a las cuales se hacía referencia en otras fórmulas.	Cambiaremos las fórmulas o restaure las celdas de la hoja de cálculo. Comprobaremos si un argumento de la función hace referencia a una celda o un rango de celdas no válido.
#¡VALOR!	Excel puede mostrar este error si la fórmula incluye celdas que contienen tipos de datos diferentes. Si se habilita la comprobación errores, la información en pantalla muestra el mensaje "Un valor utilizado en la fórmula es de un tipo de datos erróneo". Por lo general, para resolver este problema, se pueden realizar pequeñas modificaciones en la fórmula.	En lugar de usar operadores aritméticos, usemos una función, como SUMA, PRODUCTO o COCIENTE para realizar una operación aritmética en celdas que pueden contener texto, y evite usar operadores aritméticos en la función. En lugar de eso, separe los argumentos mediante comas. Aseguremos de que ninguno de los argumentos de una función matemática, como SUMA, PRODUCTO o COCIENTE, contienen texto como argumento directamente en la función.

6.2. Herramientas de Ayuda en la Resolución de Errores

6.2.1. Comprobación de Errores

Puede que al escribir una fórmula manualmente cometamos un error ya sea en la formulación o sintáctico.

Excel nos permite realizar un seguimiento sobre las formulas de la hoja de cálculo, lo que nos facilitara ayuda para localizar los errores.

Estas herramientas para facilitarnos solucionar los errores en las fórmulas se agrupan en auditorias de fórmulas.

Estas nos son de gran utilidad en la resolución de incidencias en las fórmulas existentes en la hoja de cálculo.

Para la comprobación de errores nos dirigimos a la pestaña Fórmulas, y hacemos clic en Comprobación de errores.

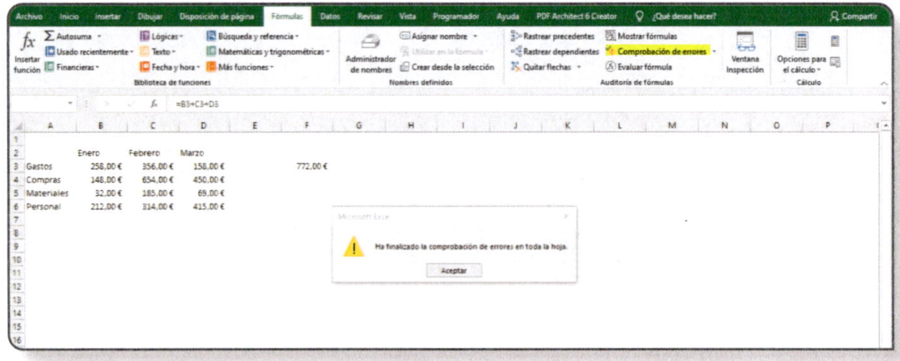

6.2.2. Rastrear Precedentes y Dependientes de Celda

Para poder chequear si las fórmulas que empleamos en una hoja de cálculo son correctas o necesitamos buscar el origen de alguna incidencia o error en fórmulas que utilizan celdas precedentes o dependientes. Nos ayudaremos del rastreador de Precedente y dependientes de celda.

6.2.2.1. Rastrear Celdas Precedentes

Las celdas precedentes son aquellas a las que se hace referencia mediante una fórmula en otra celda.

6.2.2.2. Rastrear Celdas Dependientes

Las celdas dependientes son aquellas que contienen fórmulas que hacen referencia a otras fórmulas.

6.2.2.3. Quitar Flechas

Podemos quitar las flechas que indican tanto las celdas procedentes como las que indica las celdas dependientes.

RESUMEN

- Las constantes son valores que no cambian a lo largo de la vida de la hoja de cálculo. Por otro lado las variables son valores que pueden cambiar, ya que se relacionan con otras variables y/o constantes.
- La aplicación de una fórmula nos permite obtener resultados sobre un conjunto de datos ya sean numéricos o texto. Las fórmulas están formadas por signos aritméticos, referencias a celdas y valores numéricos. También podemos utilizar los rangos en las celdas para determinar una serie de características especiales con respecto al resto o que queremos agrupar con algún fin.
- Las constantes son valores que no cambian a lo largo de la vida de la hoja de cálculo. Por otro lado las variables son valores que pueden cambiar, ya que se relacionan con otras variables y/o constantes.
- En Excel encontramos una serie de aplicaciones de referencias:
  - Referencia Relativa:

    Sabemos que una celda viene indicada por su posición (fila y columna) en la hoja. Al copiar una celda que contiene una fórmula, las direcciones de celdas contenidas en la fórmula copiada se modifican de acuerdo a la nueva situación de la celda que contiene la fórmula.
  - Referencia Absoluta:

    Existen casos en que debe ser preciso que la copia de una fórmula no modifique las direcciones de celda de la misma. Para ello es necesario crear la fórmula utilizando direcciones Absolutas. Para transformar una dirección de celda relativa en absoluta hay que incluir el símbolo $ delante de la letra de la columna y delante del número de fila.

- Referencia Mixta:

  Aunque sólo se utilice en algunos casos, Excel permite usar la referencia mixta que, como su nombre indica, es una mezcla entre la relativa y la absoluta (podemos "fijar" la columna y "variar" la fila al hacer la copia y viceversa).

- Operadores:

  Los operadores son una serie de comandos utilizados para crear referencias y fórmulas. Cuando introducimos una fórmula o una referencia podemos scribir el nombre de las celdas o bien hacer clic con el ratón sobre cada una de ellas tras haber escrito el signo = y después de cada operador.

- Referencia a otras Hojas:

  Podemos realizar referencias a celdas y rangos de otras hojas del libro en el que estamos trabajando, e incluso a hojas de otro libro. Así, para indicar la referencia a un rango de celdas de otra hoja debemos introducir el nombre de la hoja seguido de un signo de admiración y la referencia de la celda.

- Referencia 3D:

  Con una referencia 3D podemos crear una referencia que incluya la misma celda o rango de celdas dentro de un rango de hojas de un libro.

  Es decir, Excel usará las hojas y las celdas incluidas en sus respectivos rangos.

- Podemos mover trasladar datos seleccionados de una parte a otra de la hoja o incluso entre diferentes hojas de un libro.
- Buscar el origen de las incidencias o errores en las fórmulas que utilizan celdas precedentes o dependientes.
- Seguimiento de la fórmulas de la hoja de cálculo, lo que nos facilitara ayuda para localizar los errores.

UNIDAD

3.2. Conocimiento y manejo de Funciones

Contenido de la Unidad

- Funciones matemáticas predefinidas en la aplicación de hoja de cálculo
- Reglas para utilizar las funciones predefinidas
- Utilización de las funciones más usuales
- Uso del asistente para funciones
- Resumen

ICB
EDITORES

1. Funciones matemáticas predefinidas en la aplicación de hoja de cálculo

Dentro de las diferentes funciones matemáticas y trigonométricas disponibles, veamos un ejemplo con las más usuales.

1.1. Suma

Es una de las funciones más utilizadas en Excel. Suma el rango de celdas o celdas indicadas en la fórmula.

Para introducir dicha función nos dirigimos al botón de insertar función, desplegamos la lista de categorías de funciones, y escogemos Matemáticas y trigonométricas. Abajo, en la ventana de Insertar función, nos mostrará todas las disponibles de esta categoría, y debemos buscar Suma y pulsar Aceptar.

Se abre entonces la ventana de Argumentos de función, donde debemos indicarle las celdas o rango de celdas que queremos sumar.

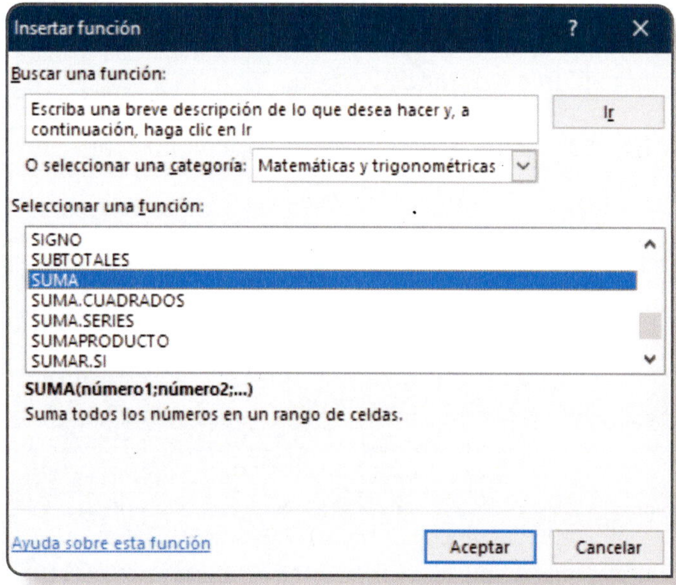

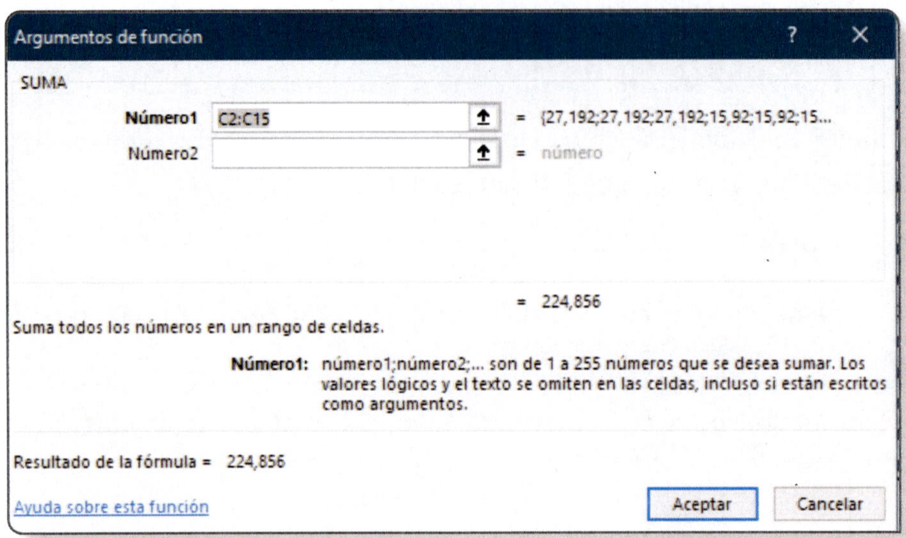

1.2. Autosuma

La suma es una función tan utilizada que Excel nos ofrece un atajo para realizar dicha función. Así, podremos sumar de manera automática el rango de celdas con datos numéricos. El resultado lo obtenemos en la siguiente celda que sigue al último operando.

Una vez seleccionadas las celdas correspondientes que se van a sumar, hacemos clic sobre el botón de Autosuma.

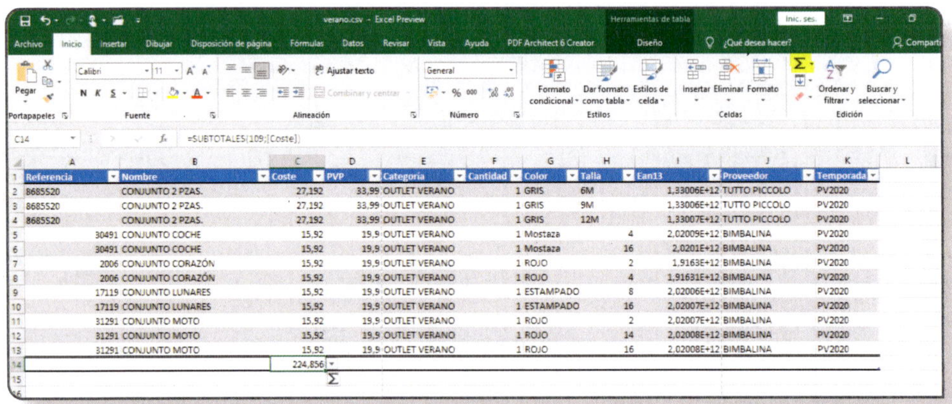

	Referencia	Nombre	Coste	PVP	Categoría	Cantidad	Color	Talla	Ean13	Proveedor	Temporada
2	8685520	CONJUNTO 2 PZAS.	27,192	33,99	OUTLET VERANO	1	GRIS	6M	1,33006E+12	TUTTO PICCOLO	PV2020
3	8685520	CONJUNTO 2 PZAS.	27,192	33,99	OUTLET VERANO	1	GRIS	9M	1,33006E+12	TUTTO PICCOLO	PV2020
4	8685520	CONJUNTO 2 PZAS.	27,192	33,99	OUTLET VERANO	1	GRIS	12M	1,33007E+12	TUTTO PICCOLO	PV2020
5	30491	CONJUNTO COCHE	15,92	19,9	OUTLET VERANO	1	Mostaza	4	2,02009E+12	BIMBALINA	PV2020
6	30491	CONJUNTO COCHE	15,92	19,9	OUTLET VERANO	1	Mostaza	16	2,0201E+12	BIMBALINA	PV2020
7	2006	CONJUNTO CORAZÓN	15,92	19,9	OUTLET VERANO	1	ROJO	2	1,9163E+12	BIMBALINA	PV2020
8	2006	CONJUNTO CORAZÓN	15,92	19,9	OUTLET VERANO	1	ROJO	4	1,91631E+12	BIMBALINA	PV2020
9	17119	CONJUNTO LUNARES	15,92	19,9	OUTLET VERANO	1	ESTAMPADO	8	2,02006E+12	BIMBALINA	PV2020
10	17119	CONJUNTO LUNARES	15,92	19,9	OUTLET VERANO	1	ESTAMPADO	16	2,02007E+12	BIMBALINA	PV2020
11	31291	CONJUNTO MOTO	15,92	19,9	OUTLET VERANO	1	ROJO	2	2,02007E+12	BIMBALINA	PV2020
12	31291	CONJUNTO MOTO	15,92	19,9	OUTLET VERANO	1	ROJO	14	2,02008E+12	BIMBALINA	PV2020
13	31291	CONJUNTO MOTO	15,92	19,9	OUTLET VERANO	1	ROJO	16	2,02008E+12	BIMBALINA	PV2020
14			224,856								

1.3. Redondear

Con esta función podemos redondear una cifra al número de decimales especificado. Esta función contiene dos argumentos: “el número” y “el número de decimales”. El primer argumento puede ser una casilla o una operación, mientras que en el segundo especificamos cuantos decimales queremos obtener.

Como cualquier función, podemos introducirla de forma manual. Para ello nos situamos en la celda deseada, y escribimos =REDONDEAR.

=REDONDEAR(C9)

	B	C	D	
	Nombre	Coste	PVP	Categor
	CONJUNTO 2 PZAS.	27,192	33,99	OUTLET
	CONJUNTO 2 PZAS.	27,192	33,99	OUTLET
	CONJUNTO 2 PZAS.	27,192	33,99	OUTLET
30491	CONJUNTO COCHE	15,92	19,9	OUTLET
30491	CONJUNTO COCHE	15,92	19,9	OUTLET
2006	CONJUNTO CORAZÓN	15,92	19,9	OUTLET
2006	CONJUNTO CORAZÓN	15,92	19,9	OUTLET
17119	CONJUNTO LUNARES	15,92	19,9	OUTLET
17119	CONJUNTO LUNARES	15,92	19,9	OUTLET
31291	CONJUNTO MOTO	15,92	19,9	OUTLET
31291	CONJUNTO MOTO	15,92	19,9	OUTLET
31291	CONJUNTO MOTO	15,92	19,9	OUTLET
		224,856		
		R(C9)		

2. Reglas para utilizar las funciones predefinidas

Las funciones permiten generar operaciones complejas a partir de los datos.

Éstas se encuentran clasificadas por categorías y agrupadas según los tipos de datos con que trabajan. Una función es una fórmula especial que ya está escrita.

El uso de éstas simplifica y acorta las fórmulas en las hojas de cálculo, concretamente aquellas que efectúan cálculos extensos y complejos.

La sintaxis de una función es: nombre función (argumento 1;argumento 2;...;argumento N)

2.1. Reglas Funciones

Las funciones han de seguir las siguientes reglas:

- Si la función va al comienzo de una fórmula debe empezar por el signo =.
- Los argumentos o valores de entrada van siempre entre paréntesis. No dejes espacios antes o después de cada paréntesis.
- Los argumentos pueden ser valores constantes (número o texto), fórmulas o funciones.
- Los argumentos deben de separarse por un punto y coma ;.
- Las fórmulas pueden contener más de una función, y pueden aparecer funciones anidadas dentro de la fórmula.

3. Utilización de las funciones más usuales

A continuación mostramos una lista de algunas funciones que son usadas con mucha frecuencia.

- CONTAR (lista): cuenta los números de la lista, dando como resultado un número.
- MAX (lista): da como resultado el valor máximo de la lista.
- MIN (lista): da como resultado el valor mínimo de la lista.
- PROMEDIO (lista): da como resultado la media aritmética de la lista.
- SUMA (lista): da como resultado la suma de los valores de la lista.
- NOTA: “lista” puede ser celda, rango o nombre de bloque.

3.1. Contar

Con esta función podemos saber cuántas celdas contienen números y fechas. Sus argumentos serán hasta treinta.

Una vez situados en la celda deseada, para introducir dicha función pulsaremos sobre el icono Función y escogeremos Estadísticas dentro del desplegable de categorías. Buscamos Contar y pulsamos Aceptar, indicaremos los rangos de celdas y pulsaremos de nuevo Aceptar.

3.2. Max

Podemos obtener, con esta función, el valor máximo dentro de un rango de celdas o de un conjunto de valores. Siguiendo los mismos pasos que en los casos anteriores, en este caso elegiremos la función Max, y una vez introducidos los rangos, pulsaremos en Aceptar.

3.3. Min

Al contrario que el caso anterior con MAX, esta función le devuelve el valor mínimo del rango de celdas o conjunto de valores especificados. Para insertar la función seguiremos los mismos pasos del ejemplo anterior.

3.4. Promedio

Esta función nos da como resultado el promedio de los argumentos aportados, que pueden llegar a ser hasta treinta.

3.5. Contara

Esta función nos devuelve el número de celdas que no se encuentren vacías dentro del argumento dado. El número de argumentos admitidos es hasta treinta.

3.6. Si

Esta función es de las más potentes de Excel y comprueba si cumple la condición dada en el argumento. Si ésta se cumple, ejecutará el argumento VERDADERO. En el caso contrario, da como resultado el argumento FALSO.

La sintaxis de la función sería la siguiente: =SI (Condición; Verdadero; Falso).

4. Uso del asistente para funciones

Excel dispone de un gran número de funciones, por lo que incorpora el denominado Asistente de Funciones, su labor es la de ayudarnos a localizar de una manera rápida la función deseada.

Para manejar el asistente de funciones, debemos dirigirnos a la pestaña Fórmulas y hacer clic en Insertar función.

Se abre entonces, la ventana Insertar función donde debemos buscar la función que deseamos aplicar, y una vez seleccionada, seguir los pasos del asistente que nos irá pidiendo celdas o rangos de celdas a seleccionar, dependiendo de las funciones deseadas.

RESUMEN

- Dentro de las diferentes funciones matemáticas y trigonométricas disponibles, veamos un ejemplo con las más usuales.

  - Suma:

    Suma el rango de celdas o celdas indicadas en la fórmula.

  - Autosuma:

    La suma es una función tan utilizada que Excel nos ofrece un atajo para realizar dicha función. El resultado lo obtenemos en la siguiente celda que sigue al último operando.

  - Redondear:

    Con esta función podemos

- En cuanto a las funciones estadísticas destacamos:

  - Promedio:

    Esta función nos da como resultado el promedio de los argumentos aportados, que pueden llegar a ser hasta treinta.

  - Contar:

    Con esta función podemos saber cuántas celdas contienen números y fechas. Sus argumentos serán hasta treinta.

  - Contara:

    Esta función nos devuelve el número de celdas que no se encuentren vacías dentro del argumento dado. El número de argumentos admitidos es hasta treinta.

  - Max:

    Podemos obtener, con esta función, el valor máximo dentro de un rango de celdas o de un conjunto de valores.

- Min:

  Al contrario que el caso anterior con MAX, esta función le devuelve el valor mínimo del rango de celdas o conjunto de valores especificados.

⇨ Con respecto a las funciones lógicas destacamos:

Si

Comprueba si cumple la condición dada en el argumento. Si ésta se cumple, ejecutará el argumento VERDADERO. En el caso contrario, da como resultado el argumento FALSO.

⇨ Las funciones pueden, en su mayoría, ser anidadas, es decir, una función puede contener a otra dentro de sus argumentos.

UNIDAD

3.3. Insertar dibujos, imágenes y otros elementos

Contenido de la Unidad

ICB
EDITORES

1. IMÁGENES

En una hoja de cálculo de Excel, podemos incluir o copiar imágenes e insertar imágenes prediseñadas desde diferentes orígenes, Así de esta manera podremos personalizar la hoja con el logotipo de una empresa, por ejemplo, etc.

1.1. Insertar Imagen En Línea

Para ello, nos dirigimos a la pestaña Insertar y pulsamos sobre el icono Ilustraciones. Pulsaremos en Imágenes, y en el desplegable elegimos Imágenes en línea. Se abre entonces una ventana donde podremos encontrar la imagen que deseemos a través del buscador.

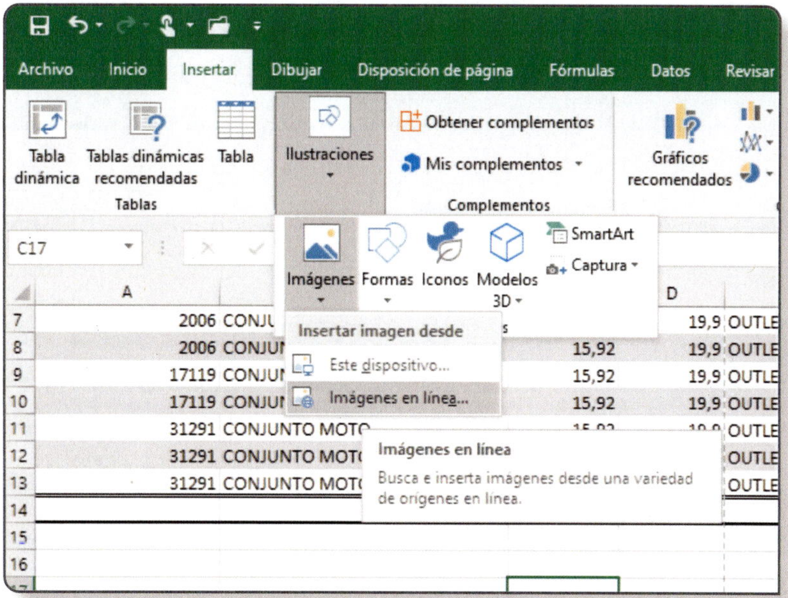

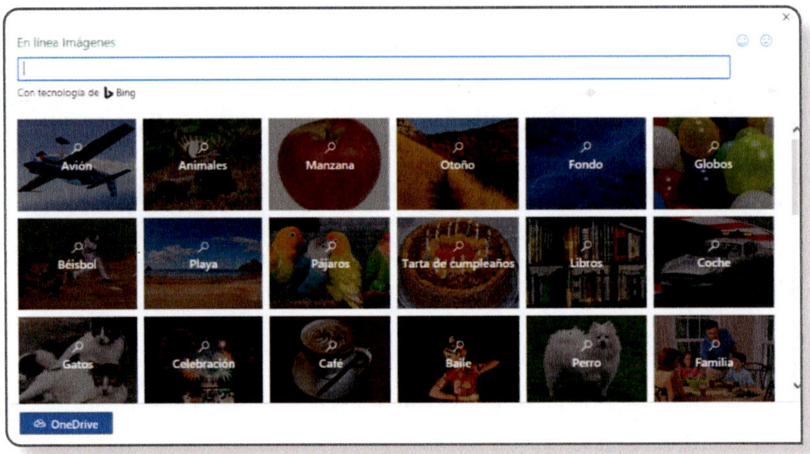

1.2. Insertar una Imagen desde un Archivo

Si la imagen que deseamos incluir en la hoja de cálculo, se encuentras almacenada en nuestro ordenador o en algún dispositivo, esta podrá ser insertada en la hoja, para ello realizamos exactamente el paso anterior, pero escogemos la opción Este dispositivo…

Se abre entonces el explorador de Windows, y buscamos la imagen que deseamos insertar en nuestra hoja de cálculo.

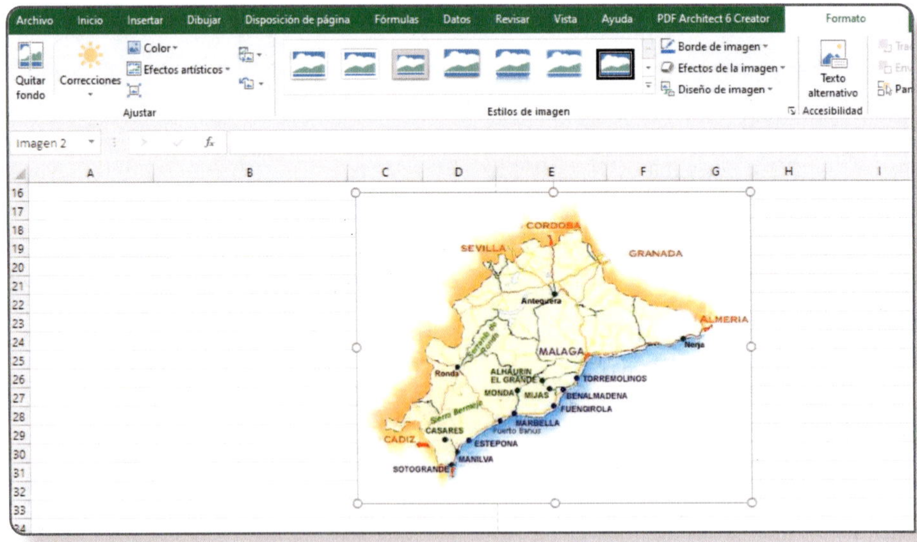

1.3. Insertar una Captura de Pantalla

Una de las novedades que incluye Office en la posibilidad en sus aplicaciones de poder insertar capturas de pantalla, ya sea de toda la ventana de la aplicación o de un área de esta.

1.3.1. Capturar Ventana

Para capturar una ventana completa, desde la pestaña Insertar, volvemos a pulsar en Ilustraciones, y en su desplegable, en Captura. Nos mostrará las últimas capturas que hemos realizado por si queremos seleccionar alguna de ellas, o bien ejecutar una captura de pantalla o recorte de la misma.

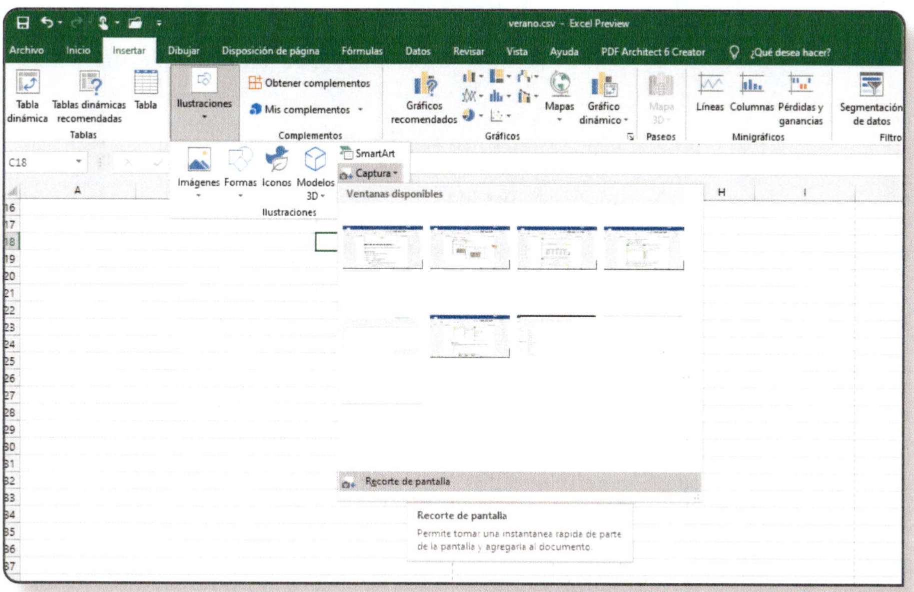

2. Autoformas

Excel nos facilita una librería de "Formas", para ayudarnos a incluir dibujos de rectas, curvas, flechas, etc. Aunque no seamos muy diestros dibujando.

Para insertar una forma, desde la pestaña Insertar, volveremos a pulsar en Ilustraciones y en el desplegable pulsaremos en Formas, para elegir una de las muchas que nos aparecen en su desplegable.

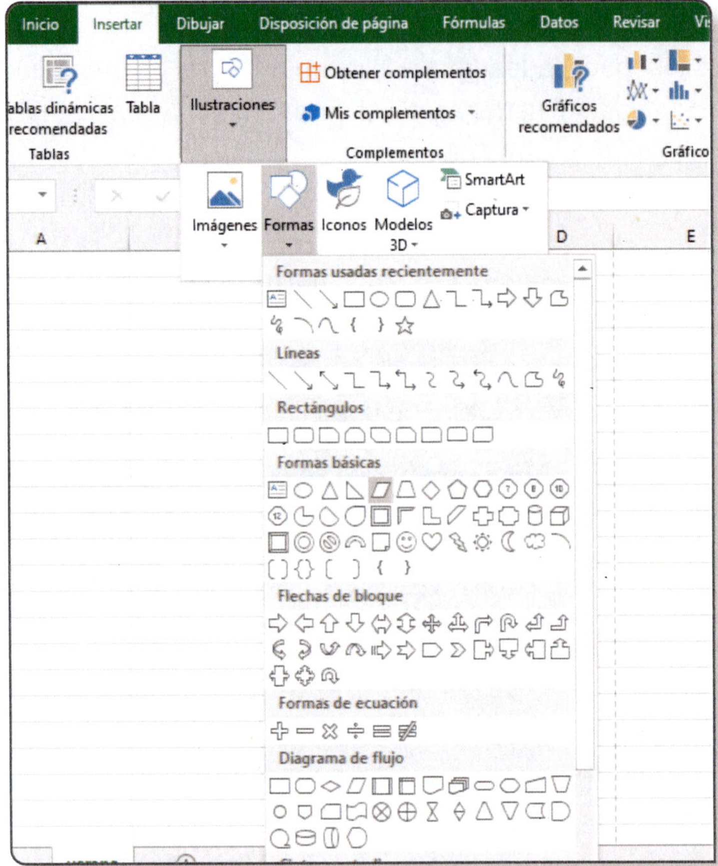

3. Texto artístico

WordArt consiste en una galería de estilos de texto que podemos añadir a la hoja de cálculo para crear textos artísticos con efectos decorativos, como texto sombreado o reflejado.

Para añadir un WordArt, desde la pestaña Insertar, pulsaremos en el icono Texto, y elegimos WordArt. Desde su desplegable pinchamos el formato WordArt predefinido que deseemos para insertarlo.

Dicho formato, posteriormente, podremos modificarlo y ajustarlo a nuestras necesidades.

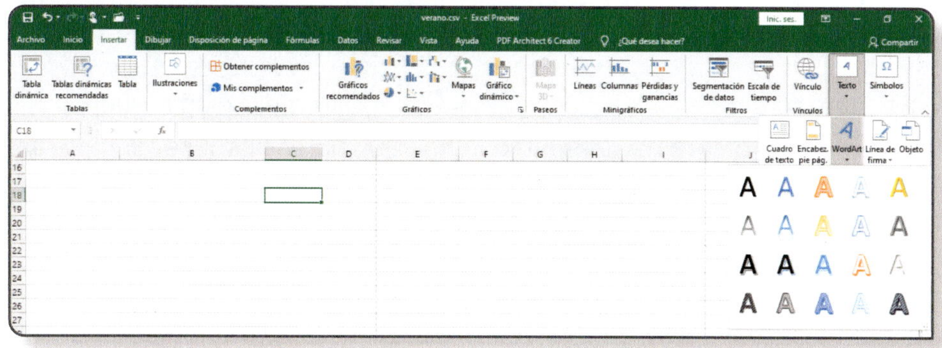

4. Otros elementos

Excel dispone de diversos elementos que pueden ser insertados en la hoja, Cuadros de texto, SmartArt, etc.

4.1. Cuadro de texto

Un cuadro de texto es un objeto en el que podemos colocar y escribir texto en cualquier posición de la hoja de cálculo. Realizando la misma operación anterior para el WordArt, en este caso elegimos Cuadro de texto. Al igual que en el caso anterior, posteriormente podremos ajustarlo y configurarlo según nuestras necesidades.

4.2. SmartArt

Si deseamos insertar un organigrama o diagrama de proceso, para no tener que hacerlo con formas ya que sería lento y trabajoso, Excel nos facilita mediante SmartArt, una serie de tipos de diagramas que podemos aplicar.

Para insertar un SmartArt, desde la pestaña Insertar, pulsaremos sobre Ilustraciones, y hacemos clic en SmartArt.

Se abre entonces una ventana donde podremos elegir que tipo de organigrama o diagrama deseamos insertar para después completar y configurar a nuestro gusto.

Si deseamos insertar un organigrama o diagrama de proceso, para no tener que hacerlo con formas ya que sería lento y trabajoso, Excel nos facilita mediante SmartArt, una serie de tipos de diagramas que podemos aplicar.

Para insertar un SmartArt, desde la pestaña Insertar, pulsaremos sobre Ilustraciones, y hacemos clic en SmartArt.

Se abre entonces una ventana donde podremos elegir que tipo de organigrama o diagrama deseamos insertar para después completar y configurar a nuestro gusto.

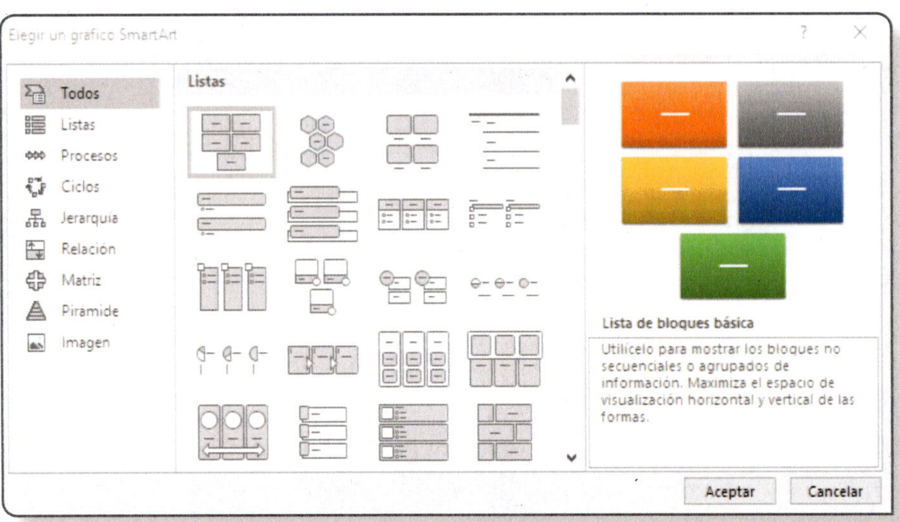

Resumen

- Incluir imágenes y objetos en la hoja de cálculo.
- Capturas de pantallas para su inserción en la hoja.
- Insertar otros elementos gráficos, objetos y diagramas u organigramas en la hoja.

ICB
EDITORES

UNIDAD

3.4. Especificaciones para la creación de gráficos

Contenido de la Unidad

- Elementos de un gráfico
- Creación de un gráfico
- Modificación de un gráfico
- Borrado de un gráfico
- Resumen

ICB
EDITORES

1. Elementos de un gráfico

Excel nos permite representar los datos de forma gráfica para obtener una visión más clara del contenido de la tabla.

1.1. Selección de los Datos a Representar

Podemos seleccionar los datos que queremos representar en un gráfico tanto antes de insertarlo como en el momento del asistente de creación de gráficos. Para ello basta con seleccionar el rango de datos (con o sin cabeceras de fila/columna).

	A	B	C	D	E	F	G
1	Nombre	Ciudad	Edad	Ocupación	Fecha	Provincia	Gastos
2	Pedro	Madrid	32	Abogado	05/01/2010	Madrid	873,92
3	Javier	Getafe	44	Administrativo	12/08/2009	Madrid	854,04
4	Ana	Ronda	32	Abogado	13/03/2010	Málaga	870,23
5	Nuria	Getafe	55	Administrativo	15/03/2009	Madrid	970,55
6	Teresa	Jerez	54	Administrativo	18/12/2005	Cádiz	853,37
7	Agustín	Cádiz	35	Gerente	27/06/2009	Cádiz	833,49
8	Ramiro	Madrid	27	Administrativo	12/10/2009	Madrid	849,68
9	Luis	Málaga	33	Abogado	05/01/2010	Málaga	950
10	María	Málaga	42	Administrativo	12/08/2009	Málaga	886,21
11	José	Ronda	30	Gerente	13/03/2010	Málaga	866,33

1.2. Partes de un Gráfico

Un gráfico de Excel se compone de diferentes elementos, área del gráfico, series de datos, ejes, leyendas, rótulos del eje, etc. En este gráfico señalaremos las partes de un gráfico de Excel:

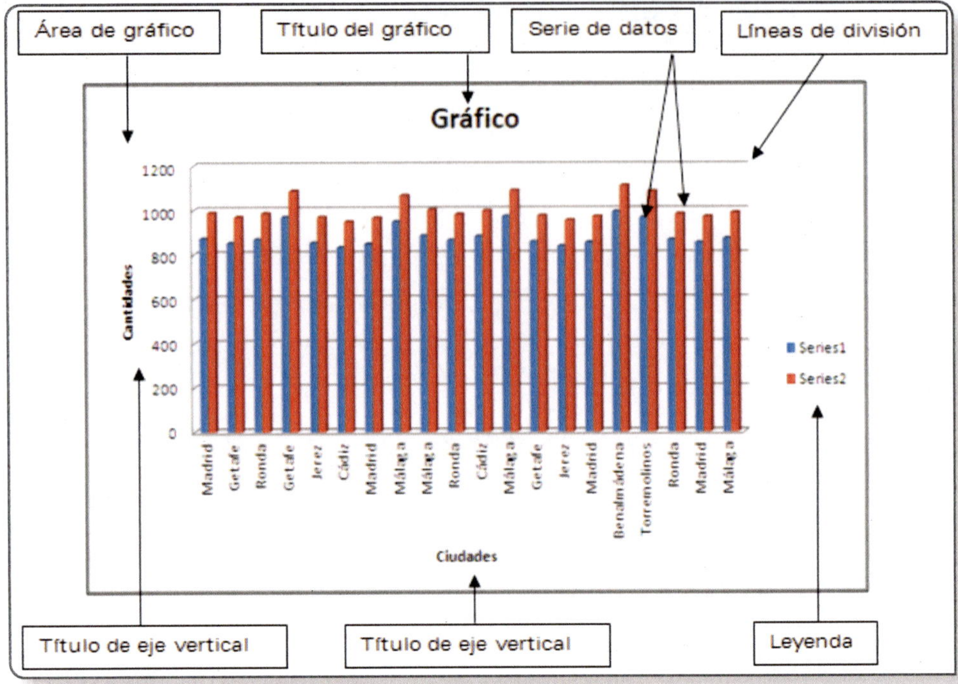

- Área del gráfico. Esta es el área que se encuentra definida por el marco del gráfico y que incluye todas sus partes.

- Título del gráfico. Texto descriptivo del gráfico que se coloca en la parte superior.

- Puntos de datos. Es un símbolo dentro del gráfico (barra, área, punto, línea) que representa un solo valor dentro de la hoja de Excel, es decir que su valor viene de una celda.

- Series de datos. Son los puntos de datos relacionados entre sí trazados en un gráfico. Cada serie de datos tiene un color exclusivo. Un gráfico puede tener una o más series de datos a excepción de los gráficos circulares que solamente pueden tener una serie de datos.

- Ejes. Un eje es la línea que sirve como referencia de medida. El eje Y es conocido como el eje vertical y generalmente contiene datos. El eje X es conocido también como el eje horizontal y suele contener las categorías del gráfico.

- Área de trazado. Es el área delimitada por los ejes e incluye todas las series de datos.
- Líneas de división. Son líneas opcionales que extienden los valores de los ejes de manera que faciliten su lectura e interpretación.
- Título de eje: Texto descriptivo que se alinea automáticamente al eje correspondiente.
- Leyenda. Un cuadro que ayuda a identificar los colores asignados a las series de datos.

1.3. Tipos de Gráficos

Antes de insertar un gráfico es necesario conocer la situación en la hoja de los datos que se van a representar gráficamente.

Estos datos los podemos seleccionar durante el proceso de inserción.

- Columnas. Cada valor aparece representado por una barra vertical.

- Barras. Cada valor aparece representado por una barra horizontal.

- Líneas. Los valores asociados a un concepto se representan por puntos unidos por una línea.

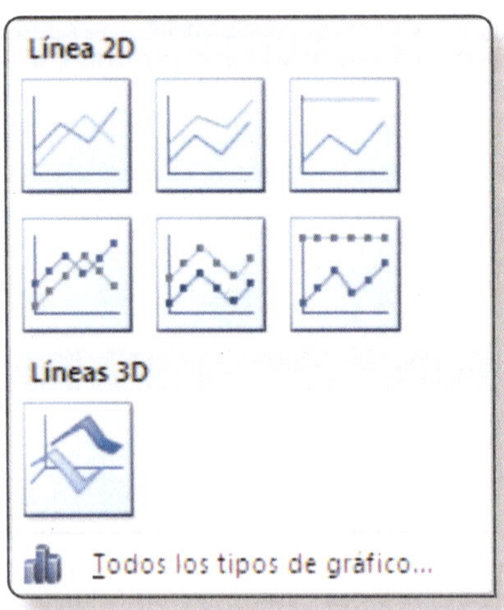

-

- Circular. Representa los valores en forma de sectores circulares.

- XY (Dispersión). Representa los puntos de intersección entre dos series de datos.

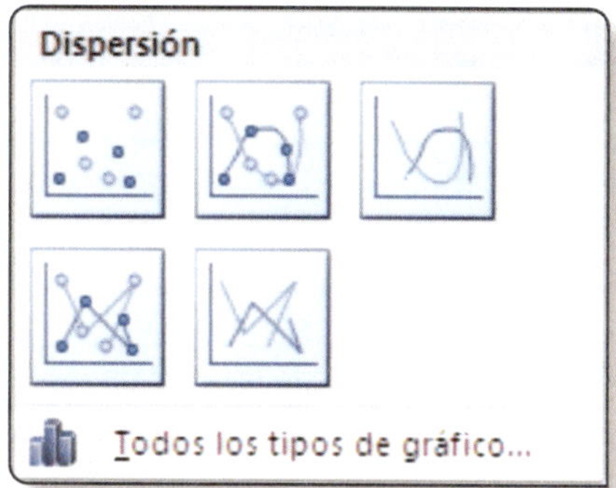

- Áreas. Cada serie de valores viene representada por un área.

- Otros tipos de gráficos. Cotizaciones, Superficie, Anillos, Burbuja y Radial.

2. Creación de un gráfico

Un gráfico es una representación visual de una serie de datos en la cual podemos apreciar, de una forma clara e intuitiva, la distribución de los mismos.

Lo primero que hay que hacer es seleccionar el rango de celdas donde están los datos para realizar dicho gráfico. Nos dirigimos a la pestaña Insertar, desplegamos el tipo de gráfico que deseamos y seleccionamos el subtipo de gráfico.

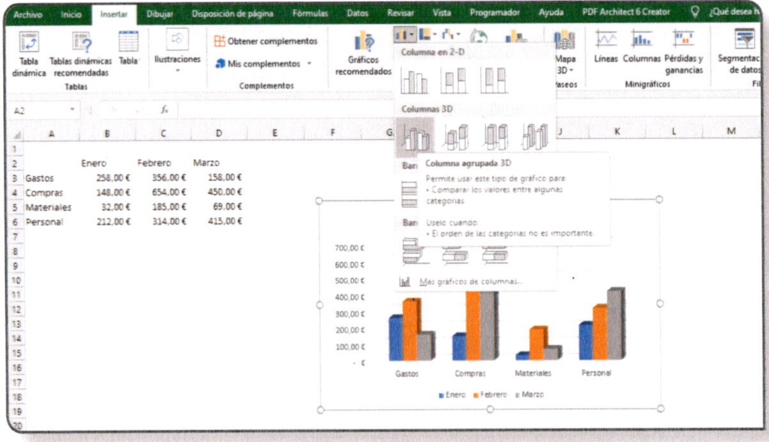

3. Modificación de un gráfico

3.1. Añadir Datos

Con esta opción podemos agregar una serie de datos a un gráfico ya insertado. Para ello seleccionamos el gráfico y desde la pestaña Diseño, pulsamos en Seleccionar datos.

Desde la ventana nueva que se abre podremos añadir, modificar o quitar datos para nuestro gráfico.

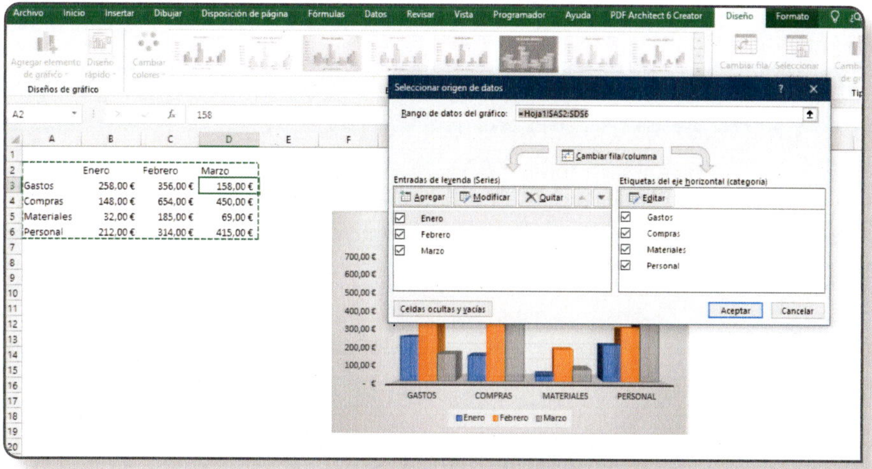

Si al agregar datos, seleccionamos un rango de datos del mismo tipo que el eje X, éste será sustituido por el nuevo rango.

3.2. Modificar el Tipo y Subtipo de Gráfico

Esta alternativa es útil para cambiar el diseño de gráfico una vez lo hemos insertado en la hoja y presenta la posibilidad de comprobar la presentación de cada tipo de gráfico con los mismos datos.

Seleccionamos el gráfico, y en la pestaña Diseño pulsamos sobre cambiar tipo de Gráfico. Elegimos el nuevo tipo de gráfico deseado y el subtipo de gráfico.

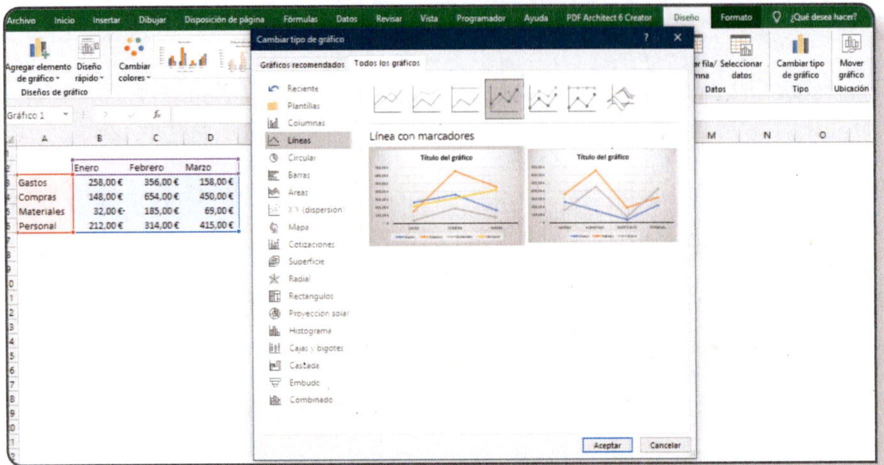

3.3. Modificar el Orden de las Series

Un gráfico representa siempre una o varias series de datos. A veces es interesante cambiar el orden en el que éstas aparecen para poder interpretar mejor los resultados.

Seleccionamos de nuevo el gráfico, y desde la pestaña Diseño, pulsamos en Seleccionar datos y movemos la serie que deseemos.

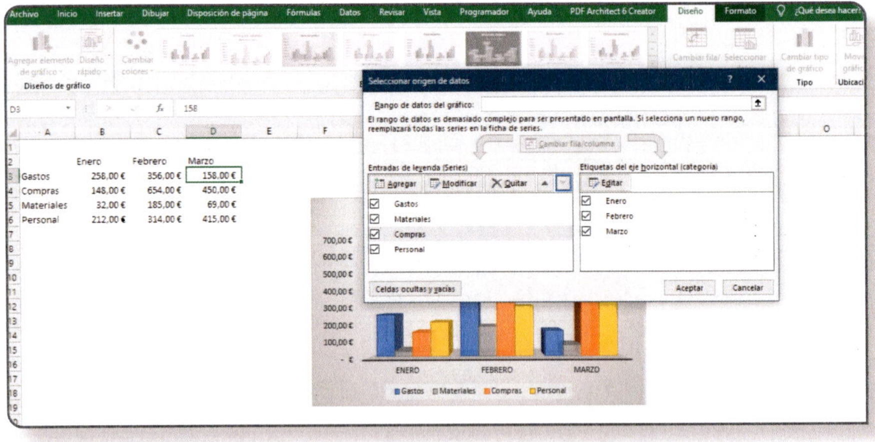

3.4. Insertar Títulos

Un título, ya sea del gráfico o de cualquiera de sus tres ejes, aclara el contenido y significado de los datos de dicho gráfico.

En este caso, una vez seleccionado el Gráfico, pulsamos directamente en el título del gráfico para introducir el texto deseado.

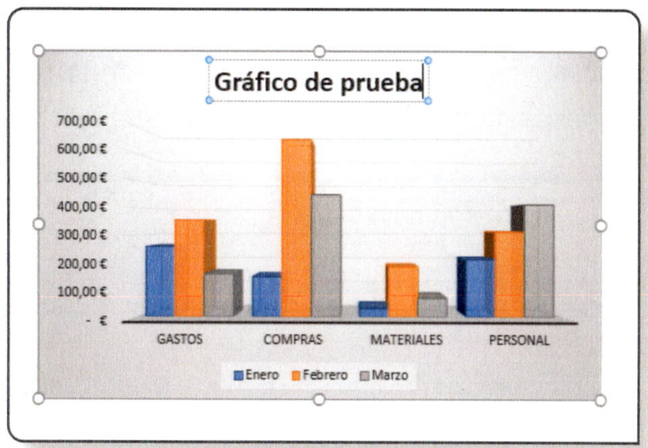

3.5. Modificar el Formato de un Título (I)

Un título, como todo texto, tiene un tipo de letra (fuente), un tamaño, un estilo, una alineación y un color de fondo y de primer plano.

En este caso, una vez seleccionado el título a modificar, pulsaremos en el botón derecho del ratón y seleccionaremos Fuente, para cambiarla a nuestro gusto.

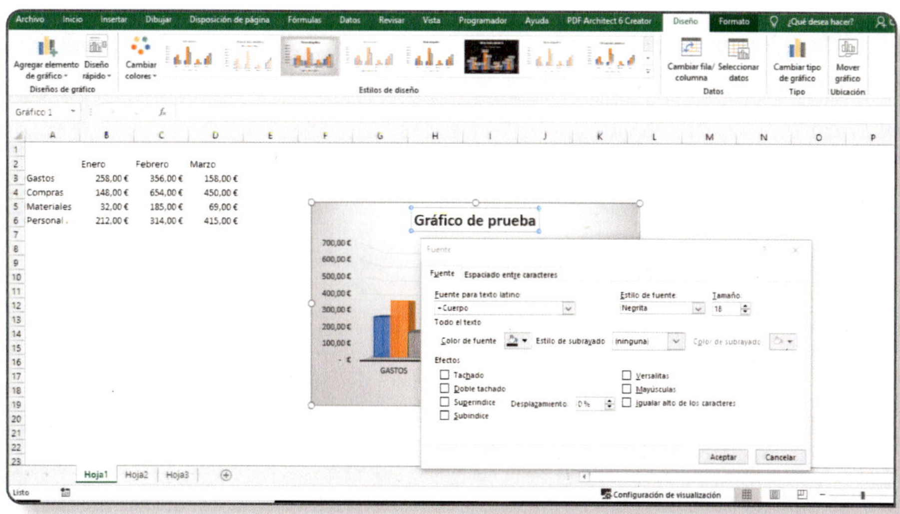

3.6. Modificar el Formato de un Título (II)

Además del formato del texto, desde el menú Formato podemos modificar otros aspectos del título como el poder aplicar un estilo rápido de WordArt, para ello volvemos a seleccionar el título deseado, y desde la pestaña Formato, pulsaremos en el desplegable Estilos rápidos para elegir el deseado.

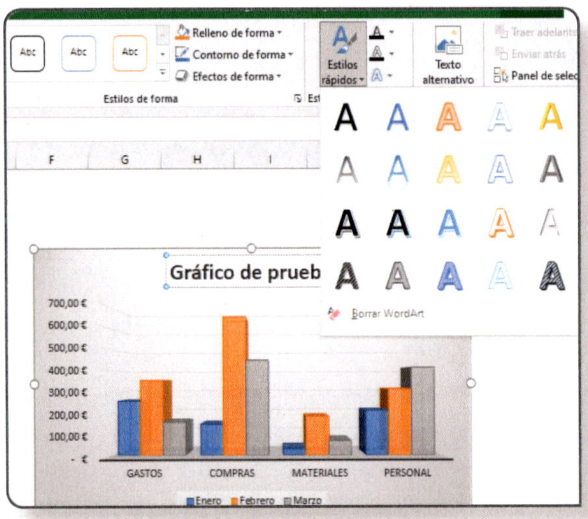

4. Borrado de un gráfico

Esta opción sirve para borrar de forma permanente un gráfico de la hoja seleccionada. Tan sólo hay que seleccionar el gráfico a eliminar y pulsar en la tecla Supr.

RESUMEN

- ⇨ Seleccionar los datos que van a formar parte en un gráfico.
- ⇨ Distintos tipos de gráficos que podemos crear en Excel 2019.
- ⇨ La utilidad más adecuada para cada tipo de gráfico.
- ⇨ Crear el gráfico que deseamos.
- ⇨ Modificar un gráfico.
- ⇨ Borrar el gráfico.

ICB
EDITORES

UNIDAD

3.5. Manejo de la edición de hojas

Contenido de la Unidad

- Validaciones de datos
- Esquemas
- Creación de tablas o listas de datos
- Ordenación de lista de datos, por uno o varios campos
- Uso de filtros
- Subtotales
- Resumen

ICB
EDITORES

1. VALIDACIONES DE DATOS

Las entradas que realizamos en una lista pueden ser validadas según los criterios establecidos para ese campo. Por ejemplo, podemos restringir el tipo de datos a rangos específicos, como números, decimales, texto, fecha y hora. También podemos crear listas desplegables desde donde seleccionar el dato a introducir, así como mensajes de ayuda cuando se seleccionen las celdas o se cometa un error. Si no creamos estos mensajes, Excel mostrará los asignados por defecto.

Para ello, debemos seleccionar la celda deseada, y desde la pestaña de Datos, pulsamos en el icono Validación de datos. Elegimos un elemento y especificamos los datos de validación.

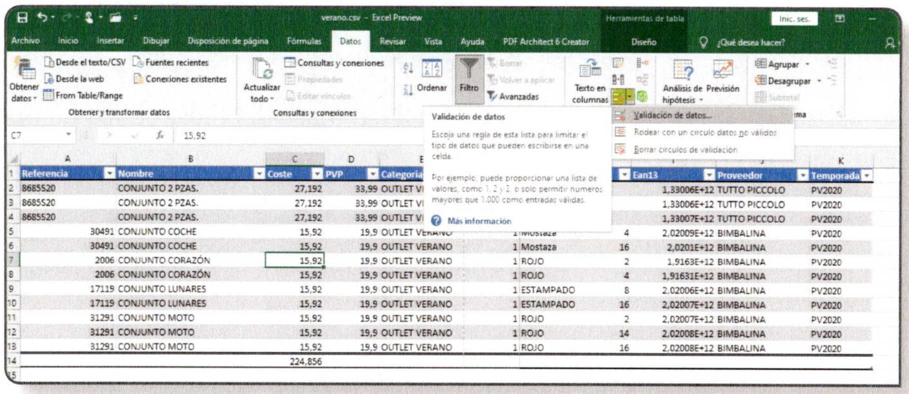

2. ESQUEMAS

Se podría definir un esquema como un resumen fiel en el que se muestran los conceptos más importantes o de mayor trascendencia de los datos que se encuentren en la hoja.

Para crear de forma automática un esquema, desde la pestaña de Datos, desplegamos Agrupar y pulsaremos en Autoesquema.

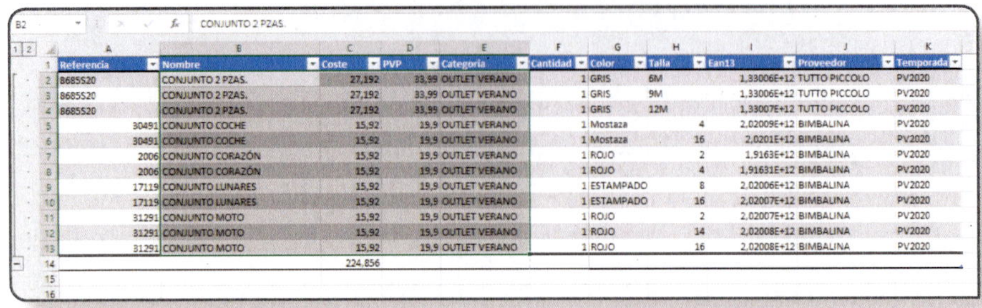

Referencia	Nombre	Coste	PVP	Categoría	Cantidad	Color	Talla	Ean13	Proveedor	Temporada
8685S20	CONJUNTO 2 PZAS.	27,192	33,99	OUTLET VERANO	1	GRIS	6M	1,33006E+12	TUTTO PICCOLO	PV2020
8685S20	CONJUNTO 2 PZAS.	27,192	33,99	OUTLET VERANO	1	GRIS	9M	1,33006E+12	TUTTO PICCOLO	PV2020
8685S20	CONJUNTO 2 PZAS.	27,192	33,99	OUTLET VERANO	1	GRIS	12M	1,33007E+12	TUTTO PICCOLO	PV2020
30491	CONJUNTO COCHE	15,92	19,9	OUTLET VERANO	1	Mostaza	4	2,02009E+12	BIMBALINA	PV2020
30491	CONJUNTO COCHE	15,92	19,9	OUTLET VERANO	1	Mostaza	16	2,0201E+12	BIMBALINA	PV2020
2006	CONJUNTO CORAZÓN	15,92	19,9	OUTLET VERANO	1	ROJO	2	1,9163E+12	BIMBALINA	PV2020
2006	CONJUNTO CORAZÓN	15,92	19,9	OUTLET VERANO	1	ROJO	4	1,91631E+12	BIMBALINA	PV2020
17119	CONJUNTO LUNARES	15,92	19,9	OUTLET VERANO	1	ESTAMPADO	8	2,02006E+12	BIMBALINA	PV2020
17119	CONJUNTO LUNARES	15,92	19,9	OUTLET VERANO	1	ESTAMPADO	16	2,02007E+12	BIMBALINA	PV2020
31291	CONJUNTO MOTO	15,92	19,9	OUTLET VERANO	1	ROJO	2	2,02007E+12	BIMBALINA	PV2020
31291	CONJUNTO MOTO	15,92	19,9	OUTLET VERANO	1	ROJO	14	2,02008E+12	BIMBALINA	PV2020
31291	CONJUNTO MOTO	15,92	19,9	OUTLET VERANO	1	ROJO	16	2,02008E+12	BIMBALINA	PV2020
		224,856								

Una vez obtenido el esquema podemos comprimir y expandir los datos a mostrar para ello haremos clic en los símbolos - y + de cada nivel.

3. CREACIÓN DE TABLAS O LISTAS DE DATOS

Excel nos permite crear listas a modo de base de datos, en donde las filas serían los registro y las columnas, los campos.

Para ello, debemos crear una primera fila a modo de título de los campos. Así, las filas inferiores serán los datos de los campos.

Los datos de cada columna, es decir, de cada campo, deben ser del mismo tipo; y todas las filas tendrán la misma estructura.

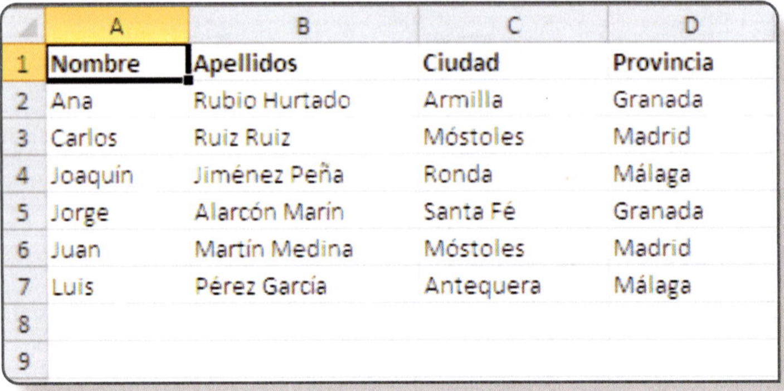

Nombre	Apellidos	Ciudad	Provincia
Ana	Rubio Hurtado	Armilla	Granada
Carlos	Ruiz Ruiz	Móstoles	Madrid
Joaquín	Jiménez Peña	Ronda	Málaga
Jorge	Alarcón Marín	Santa Fé	Granada
Juan	Martín Medina	Móstoles	Madrid
Luis	Pérez García	Antequera	Málaga

También debemos tener presente que los títulos de la lista, es decir, la primera fila, debe tener un formato distinto a los datos de la lista, algo que los diferencie: una fuente distinta, un estilo, un formato, un tamaño, etc.

Además, todos los datos de un campo o columna deben tener el mismo formato.

Debemos procurar también no dejar espacios en blanco al comienzo del nombre del campo o de un registro, ya que esto podrá afectar a operaciones posteriores. Pero sí debemos dejar una fila en blanco entre la lista y el resto de la hoja, para que quede aislada del resto de la hoja. El tamaño máximo de la lista será el de la hoja.

3.1. Autocompletar

Excel nos ayudará a la hora de introducir datos en una lista. Para ello, debemos asegurarnos que la función Autocompletar está activada. Desde la pestaña Archivo, pulsaremos sobre Mas, y en Opciones. Seleccionamos Avanzadas y buscamos la casilla Habilitar Autocompletar para valores de celda, y comprobamos si está activada o no.

Cuando introducimos un nuevo dato en una celda determinada, Excel nos sugiere una entrada ya realizada anteriormente que comience por la/s misma/s letra/s.

Para aceptar la entrada propuesta, solamente debemos pulsar la tecla Enter, con lo que evitamos tener que escribir toda la entrada de nuevo. También podemos elegir de una lista desplegable que contiene las entradas anteriores pertenecientes al campo en que nos encontramos.

4. Ordenación de lista de datos, por uno o varios campos

Podemos ordenar la lista por diferentes campos, según nos interese. Excel dispone de varias opciones de ordenación:

4.1. Ordenación Rápida

Desde la barra de herramientas podemos ordenar la lista a través de un campo en orden ascendente o descendente.

Para ello seleccionamos una celda del campo por el cual queremos ordenar. Pulsamos en el icono Ordenar y Filtrar, y en el desplegable debemos elegir entre Orden ascendente y Orden descendente.

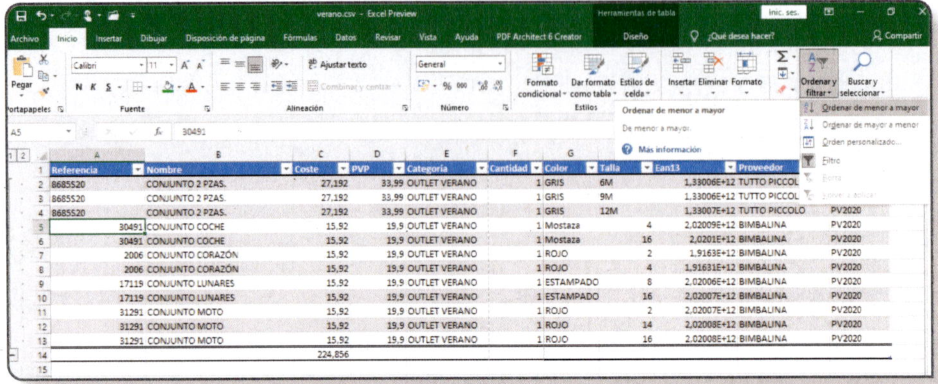

4.2. Ordenación por Prioridades

Excel permite también ordenar siguiendo el criterio de varios campos, ya que nos podemos encontrar con dos registros con un campo idéntico, por ejemplo, dos registros cuya ciudad sea Málaga. Así, podemos especificar un segundo campo de ordenación y hasta un tercero.

5. Uso de filtros

Cuando tenemos una lista de datos, nos puede interesar mostrar solo los que coincidan con un valor o valores que establezcamos. Excel dispone de dos tipos de filtro, el Filtro (autofiltro) y Filtros avanzado.

Para aplicar un filtro, desde el mismo icono de Ordenar y Filtrar, o bien desde la pestaña de Datos, podremos filtrar cualquier rango de celdas, filas o columnas.

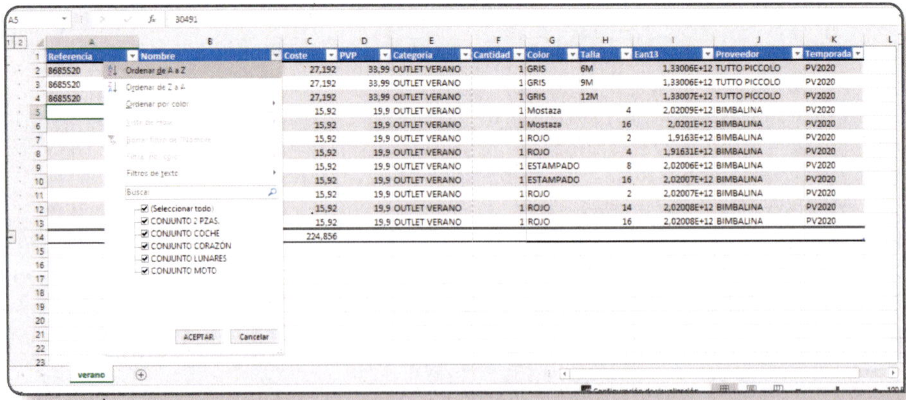

5.1. Quitar Filtro

Si deseamos volver a visualizar todos los datos de la lista, podremos hacerlo de dos formas, o bien marcando en seleccionar todos y aceptar, o bien, en la ficha de datos pulsamos sobre borrar filtros.

6. Subtotales

Podemos calcular de manera automática los totales y subtotales de una lista.

Excel esquematiza la lista de forma que podamos ocultar las filas de datos y sólo ver la de los resultados. Así, debemos ordenar la lista por el campo que queramos calcular.

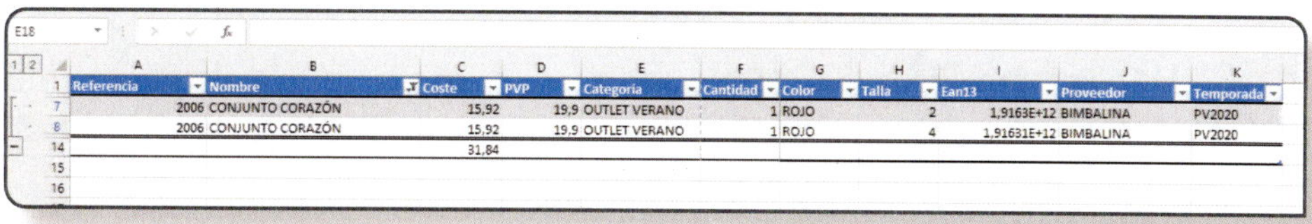

Vemos en el ejemplo como Excel nos muestra los subtotales de total de las dos líneas de Conjunto Corazón. Podemos ocultar los valores y dejar visible únicamente los subtotales y totales, o bien sólo el total general.

Resumen

- Sabemos qué es una lista y cómo crearla utilizando la función de Autocompletar.
- Podemos usar los formularios para crear y editar una lista y sus elementos.
- Sabemos ordenar una lista por el campo que nos interese, por medio de una ordenación rápida, o bien por medio de una ordenación por prioridades.
- Podemos limitar las entradas de un campo según los criterios que se establezcan en Validación de datos.
- Lograr ordenar una lista de datos.
- Usar la función de filtro para mostrar el grupo de registros que más nos interesen de una lista.
- Realizar un filtrado avanzado a una lista de forma que se cumplan dos o más condiciones en los campos a mostrar. Podemos realizar un filtrado en el que se cumplan varias condiciones o que se cumpla una de las condiciones dadas.
- Calcular los subtotales y total general de una lista desde la opción Subtotales del menú Datos. Además, podemos mostrar u ocultar los distintos niveles de subtotales.

UNIDAD

3.6. Importación desde otras aplicaciones e Introducción de datos en la web

Contenido de la Unidad

- Importar datos con bases de datos
- Importar datos con presentaciones
- Importar datos con documentos de texto
- Importar datos de la web
- Guardado como formato de página web
- Resumen

ICB
EDITORES

1. IMPORTAR DATOS CON BASES DE DATOS

Excel 2019 se encuentra integrado dentro de un paquete de aplicaciones llamado Microsoft Office 2019.

Este paquete incluye, además de Excel 2019, un gestor de bases de datos, Access 2019, un procesador de texto, Word 2019, creador de presentaciones, PowerPoint 2019 y una serie de pequeñas aplicaciones auxiliares (como por ejemplo Microsoft Photo Editor). Microsoft Office 2019 se encuentra diseñado de forma que el trasvase de información entre las distintas aplicaciones sea totalmente compatible; por ello, es posible tener una hoja de cálculo que contenga una base de datos, datos de un texto o una imagen diseñada (o las tres cosas a la vez).

La información u objetos compartidos entre dos aplicaciones pueden ser incrustados o vinculados:

- Objeto incrustado: Una vez que se ha incrustado el objeto, pasa a formar parte del archivo de destino. Al hacer doble clic en un objeto incrustado, el objeto se abre en la aplicación (la aplicación de origen) en que se creó. Los cambios que se realicen en el objeto no se reflejarán en el archivo de destino.

- Objeto vinculado: Objeto que se crea en un archivo (el archivo de origen) y que se inserta en otro archivo (el archivo de destino) a la vez que se mantiene una conexión entre los dos archivos. El objeto vinculado del archivo de destino se actualiza automáticamente cuando se actualiza el archivo de origen. Un objeto vinculado no llega a formar parte del archivo de destino.

Puede que en algún momento necesitemos importar los datos que ya hemos introducido en una base de datos Access a una hoja de nuestro libro de Excel, esto nos facilitara el poder generar gráficos o mejorar la presentación de los datos.

Para importar datos de una base de datos Access, nos vamos a la pestaña Datos, pulsamos sobre el desplegable del icono de Obtener Datos. Nos situamos sobre Desde una base de datos, y elegimos Desde una base de datos de Access. Elegimos el archivo de Base de datos buscándolo a través del explorador, pulsaremos en Abrir, y elegiremos la tabla de datos que queremos importar. Finalmente, sólo nos queda indicar como deseamos ver esos datos en nuestro libro.

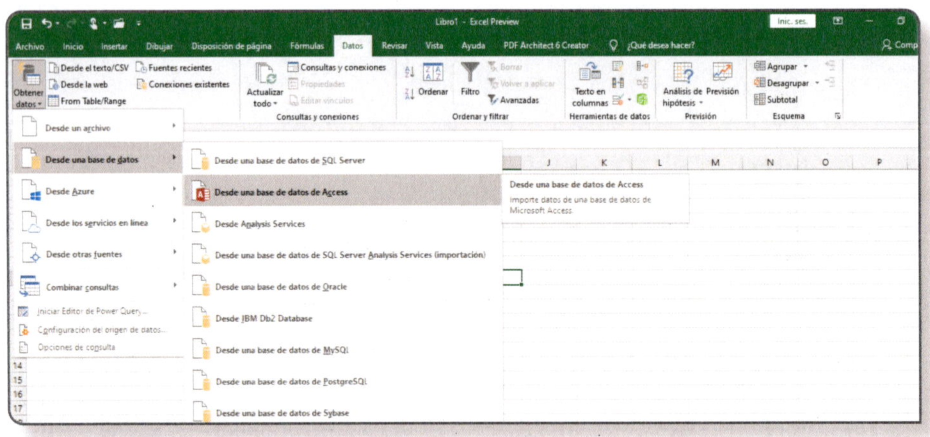

Si por ejemplo deseamos incrustar una imagen que ya tengamos guardada, tendremos que ir a la pestaña Insertar, y pulsaremos en el desplegable Ilustraciones. Elegimos Imágenes, y también Desde este dispositivo. Se nos abre entonces el explorador, y seleccionamos la imagen a incrustar.

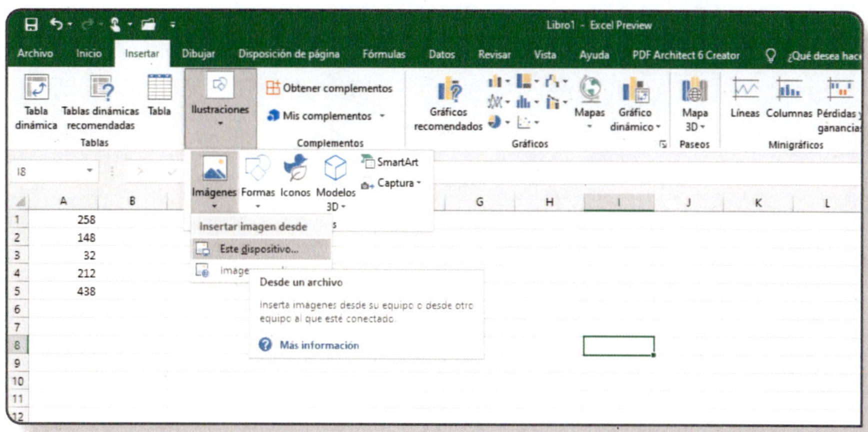

2. Importar datos con presentaciones

Para fusionar una presentación, desde la pestaña Insertar, pulsaremos sobre el desplegable Texto, y pulsaremos en Objeto. Se abre entonces una ventana en la que podremos elegir si incrustar un archivo nuevo a crear, o bien desde un archivo de ya tengamos creado. Una vez seleccionada la opción, pulsamos en aceptar.

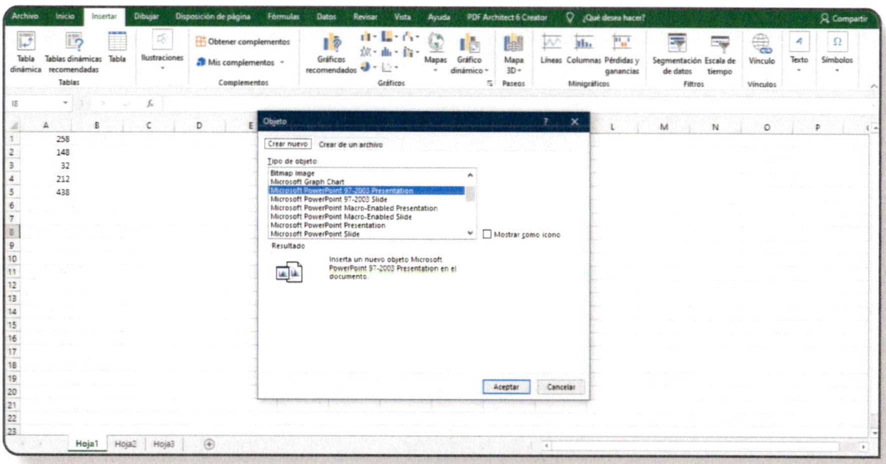

3. IMPORTAR DATOS CON DOCUMENTOS DE TEXTO

Puede que un archivo de texto, contenga una relación de datos en su interior, que tengan un separador (coma, tabulador, etc.) que identifica cada salto de campo y registro. No solo estos archivos de texto se pueden importar, también los que contengan un texto que deseemos incluir en la hoja de nuestro libro.

Para importar un documento de texto realizaremos la misma operación anterior, pero en este caso elegiremos el archivo de texto a incrustar.

Después elegimos el Origen de los datos y pulsaremos en Siguiente. Seleccionaremos el tipo de separadores, seleccionaremos el formato para las columnas y donde deseamos situar estos datos. Pulsaremos finalmente en Aceptar.

4. IMPORTAR DATOS DE LA WEB

En las páginas Web, podemos encontrar tabla de datos que deseemos importar a nuestra hoja de cálculo y de esta manera poder utilizarlos.

Para importar datos de una Web:

Inicia Excel y abre una nueva hoja de cálculo o el archivo donde deseas importar los datos. En la barra de herramientas superior, selecciona la pestaña Datos. En el grupo Obtener y transformar datos, haz clic en el botón Obtener datos. Selecciona Desde Web en el menú desplegable. Esto abrirá una ventana emergente para ingresar la URL.

En la ventana emergente, introduce la URL de la página web que contiene la tabla de datos que deseas importar. Luego, haz clic en Aceptar. Excel mostrará una vista previa de las tablas detectadas en la página web. Selecciona la tabla que deseas importar y haz clic en Cargar para llevar los datos directamente a tu hoja de cálculo.

Una vez importados, puedes utilizar el Editor de consultas para modificar los datos si es necesario. Además, puedes actualizar los datos en el futuro haciendo clic derecho en la tabla importada y seleccionando Actualizar.

5. GUARDADO COMO FORMATO DE PÁGINA WEB

Si deseamos representar los datos de una hoja de cálculo en formato Web, podremos exportar estos.

Para guardar una hoja de cálculo como una página web, abre primero el archivo en Excel y dirígete a la opción de Guardar como desde el menú Archivo.

Luego, selecciona la ubicación en tu equipo o en la nube donde deseas almacenar el archivo. En el cuadro de tipo de archivo, elige la opción Página web (*.htm; *.html)" para que Excel convierta la hoja en un archivo HTML que pueda visualizarse en un navegador.

A continuación, puedes hacer clic en Publicar"para configurar las opciones de publicación, eligiendo entre publicar toda la hoja de cálculo o solo una parte específica de ella. También puedes seleccionar la opción de actualizar el archivo automáticamente si deseas que se mantenga sincronizado en una ubicación compartida.

Finalmente, confirma la configuración y guarda el archivo. Así obtendrás un archivo HTML estático que podrás abrir en cualquier navegador o compartir como una página web.

RESUMEN

- ⇨ Excel 2019 se encuentra integrado dentro de un paquete de aplicaciones llamado Microsoft Office 2019. Este incluye, un procesador de texto, Word 2019, un gestor de bases de datos, Access 2019, un programa para generar presentaciones, PowerPoint 2019 y una serie de pequeñas aplicaciones auxiliares (como por ejemplo Microsoft Photo Editor).

- ⇨ Microsoft Office 2019 se encuentra diseñado de forma que el trasvase de información entre las distintas aplicaciones sea totalmente compatible; por ello, es posible tener una hoja de cálculo que contenga una base de datos, una imagen diseñada o un archivo de texto (o las tres cosas a la vez).

- ⇨ La información u objetos compartidos entre dos aplicaciones puede ser incrustado o vinculado:

  - ➤ Objeto incrustado: Una vez que se ha incrustado el objeto, pasa a formar parte del archivo de destino. Al hacer doble clic en un objeto incrustado, el objeto se abre en la aplicación (la aplicación de origen) en que se creó. Los cambios que se realicen en el objeto se reflejarán en el archivo de destino.

  - ➤ Objeto vinculado: Objeto que se crea en un archivo (el archivo de origen) y que se inserta en otro archivo (el archivo de destino) a la vez que se mantiene una conexión entre los dos archivos. El objeto vinculado del archivo de destino se actualiza automáticamente cuando se actualiza el archivo de origen. Un objeto vinculado no llega a formar parte del archivo de destino.

- ♦ Para importar datos de una página web a Excel, abre Excel, selecciona la pestaña Datos, y elige Obtener datos desde Web. Ingresa la URL de la página con los datos deseados, selecciona las tablas que quieres importar y cárgalas en la hoja de cálculo.

- ♦ Para guardar una hoja de cálculo como página web, abre el archivo, elige Guardar como"y selecciona el tipo de archivo Página web (*.htm; *.html)".

UNIDAD

3.7. Uso de matrices y referencias externas

Contenido de la Unidad

- Qué es una matriz
- Cómo crear una fórmula matricial
- Constantes matriciales
- Vínculos
- Resumen

ICB
EDITORES

1. Qué es una matriz

Una matriz es una serie de elementos formando filas (matriz unidimensional) o filas y columnas (matriz bidimensional). La diferencia con las fórmulas individuales es que pueden dar más de un resultado, ocupando para esto varias celdas.

Podemos ver una matriz unidimensional en la siguiente tabla:

1	2	3	4	5

Una matriz bidimensional sería representada de la siguiente forma:

1,1	1,2	1,3	1,4	1,5
2,1	2,2	2,3	2,4	2,5
3,1	3,2	3,3	3,4	3,5

Así, el nombre del elemento 3,4 significa que está en la posición de fila 3, columna 4.

1,1	1,2	1,3	1,4
2,1	2,2	2,3	2,4
3,1	3,2	3,3	3,4

En Excel, podemos tener un grupo de celdas en forma de matriz y aplicar una fórmula en ellas de forma que evitamos tener que repetir varias fórmulas.

En Excel, las fórmulas que hacen referencia a matrices se encierran entre llaves {}. El propio programa será el encargado de insertar dichas llaves en la fórmula.

Por ejemplo: {=SUMA(B3:E3*B4:E4)}

Hay que tener en cuenta al trabajar con matrices los siguientes puntos:

- No se puede cambiar el contenido de las celdas que componen la matriz.
- No se puede eliminar o mover celdas que componen la matriz.
- No se puede insertar nuevas celdas en el rango que compone la matriz.
- Para introducir texto, éste debe estar entrecomillado.

- No pueden estar formadas por fórmulas.
- Todas las filas y columnas deben tener la misma longitud.

2. CÓMO CREAR UNA FÓRMULA MATRICIAL

Recordemos que una fórmula matricial debe ir encerrada entre llaves {}. Para ello, pulsaremos la combinación de teclas Ctrl + Mayus + Enter una vez escrita la fórmula, y Excel se encargará de colocar las llaves.

Veamos en el siguiente ejemplo, cómo crear una fórmula matricial. Si queremos saber el resultado total de la venta de varias unidades de varios productos diferentes, podemos hacerlo con varias fórmulas individuales.

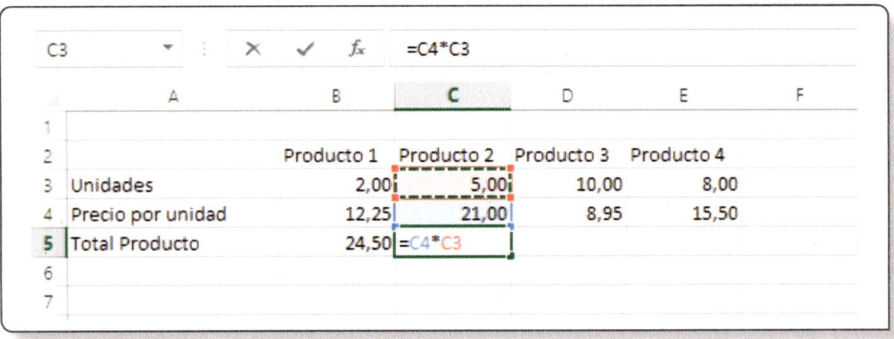

C3 =C4*C3

	A	B	C	D	E	F
1						
2		Producto 1	Producto 2	Producto 3	Producto 4	
3	Unidades	2,00	5,00	10,00	8,00	
4	Precio por unidad	12,25	21,00	8,95	15,50	
5	Total Producto	24,50	=C4*C3			
6						
7						

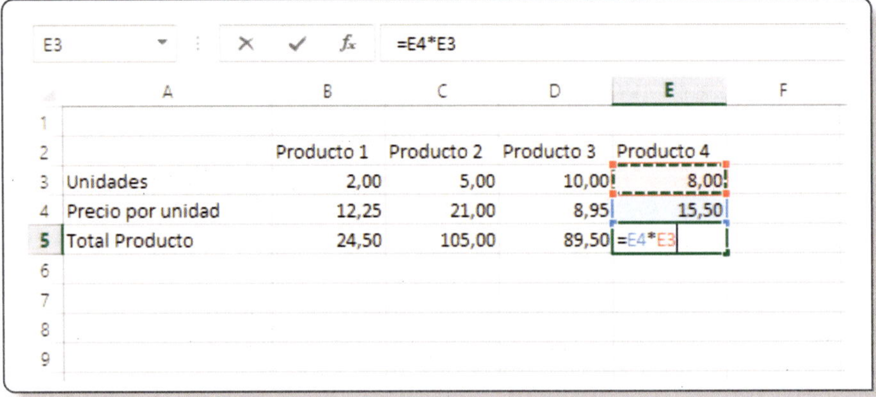

E3 =E4*E3

	A	B	C	D	E	F
1						
2		Producto 1	Producto 2	Producto 3	Producto 4	
3	Unidades	2,00	5,00	10,00	8,00	
4	Precio por unidad	12,25	21,00	8,95	15,50	
5	Total Producto	24,50	105,00	89,50	=E4*E3	
6						
7						
8						
9						

Hasta llegar al resultado final, como vemos aquí:

B7 =SUMA(B5:E5)

	A	B	C	D	E	F
1						
2		Producto 1	Producto 2	Producto 3	Producto 4	
3	Unidades	2,00	5,00	10,00	8,00	
4	Precio por unidad	12,25	21,00	8,95	15,50	
5	Total Producto	24,50	105,00	89,50	124	
6						
7	Total	343,00				
8						
9						

Ahora bien, usando una fórmula matricial nos podemos ahorrar las fórmulas de la fila de "Total Producto", de la siguiente manera:

1. Pulsar en La celda B7 (en el ejemplo).
2. Introducir La fórmula =SUMA(B3:E3*B4:E4).
3. Pulsar La combinación de teclas Ctrl + Mayus + Enter.

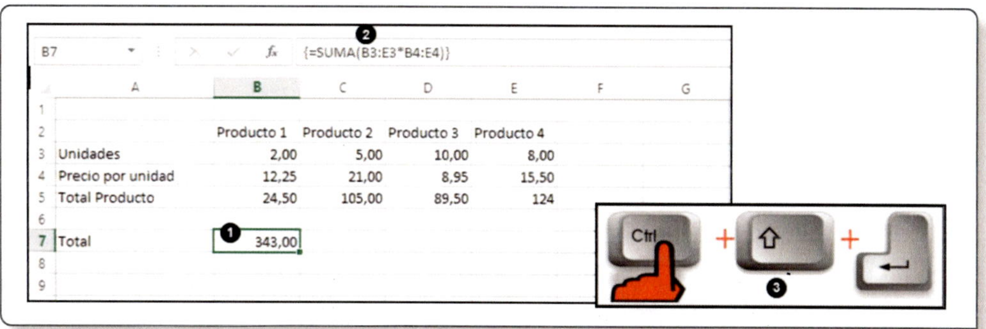
B7 {=SUMA(B3:E3*B4:E4)}

	A	B	C	D	E	F	G
1							
2		Producto 1	Producto 2	Producto 3	Producto 4		
3	Unidades	2,00	5,00	10,00	8,00		
4	Precio por unidad	12,25	21,00	8,95	15,50		
5	Total Producto	24,50	105,00	89,50	124		
6							
7	Total	343,00					
8							
9							

3. Constantes matriciales

Tal y como ocurre en las fórmulas "normales", podemos incluir en una fórmula matricial referencias a datos constantes. Éstos se denominan constantes matriciales.

Las constantes matriciales se indican entre llaves que debemos escribir manualmente, y se separan con "," si es separador de columnas, o con ";" si es separador de filas.

Por ejemplo, para representar los valores 10, 20, 30 y 40 de una fila y los valores 50, 60, 70 y 80 de la fila inmediatamente inferior, se escribiría una constante matricial de 2 por 4: {10,20,30,40;50,60,70,80}.

Las constantes matriciales no pueden contener referencias a celdas, columnas ni filas de longitud desigual, fórmulas ni los caracteres especiales $ (símbolo de dólar), paréntesis o % (símbolo de porcentaje).

Veamos un ejemplo en donde cada valor del rango A1:E1, se va a multiplicar por un valor diferente especificado en la fórmula:

1. Introducir Los datos como aparecen en la hoja.
2. Seleccionar La celda para el resultado (E2)
3. Introducir La fórmula =SUMA(A1:E1*{1;2;3;4;5})
4. Pulsar La combinación de teclas Ctrl + Mayus + Enter.

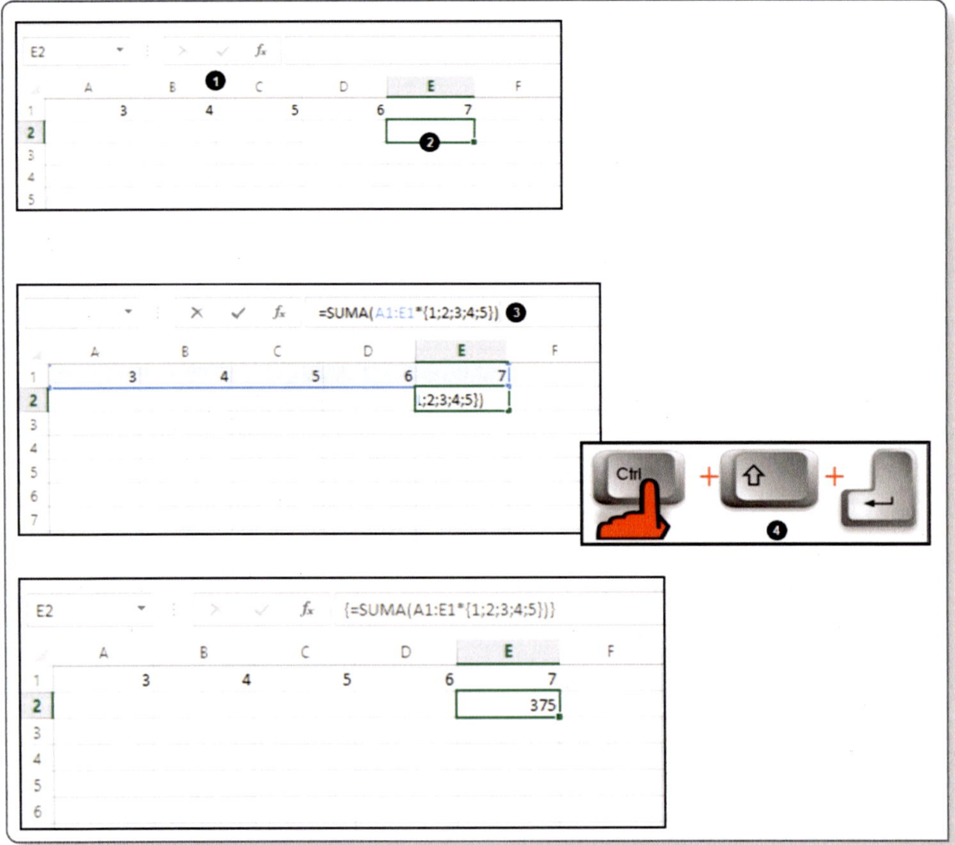

4. VÍNCULOS

Cuando incluimos una referencia dentro de una fórmula, podemos hacerlo a otras celdas, hojas o incluso a otros libros. Así, podemos organizar nuestro trabajo en varios libros y unir los resultados en uno.

Existen varios tipos de vínculos en Excel:

- ⇨ Referencia externa: referencia a celdas y rangos de otros libros de trabajo.
- ⇨ Libro dependiente: es aquel libro que contiene vínculos con otros libros y, por tanto, depende de éstos.
- ⇨ Libro origen: es aquel libro que contiene los datos a que hace referencia una fórmula de otro libro mediante una referencia externa.

Para crear referencias externas, debemos indicar con exactitud la posición del archivo. Indicaremos la unidad, precedido de apóstrofe (´), seguido de la ruta donde se encuentre el archivo y el nombre de éste entre corchetes. A continuación, el nombre de la hoja seguido de un apóstrofe (´) y de un signo de admiración (!). Por último, indicaremos la referencia a la celda o rango de celdas origen.

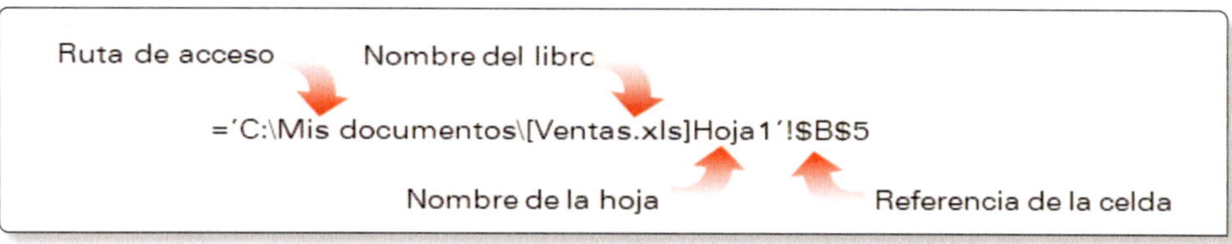

Escribir esta referencia puede resultar engorroso y podemos cometer fácilmente un error de escritura. Por esto, podemos realizar esta referencia usando el ratón; para ello, tendremos abiertos el libro origen y el libro en el que vamos a crear la referencia externa.

1. Introducir =SUMA(para comenzar la fórmula.
2. Desplegar Cambiar Ventanas.
3. Seleccionar El archivo origen.

4. Marcar El rango de celdas deseadas.

5. Pulsar Enter.

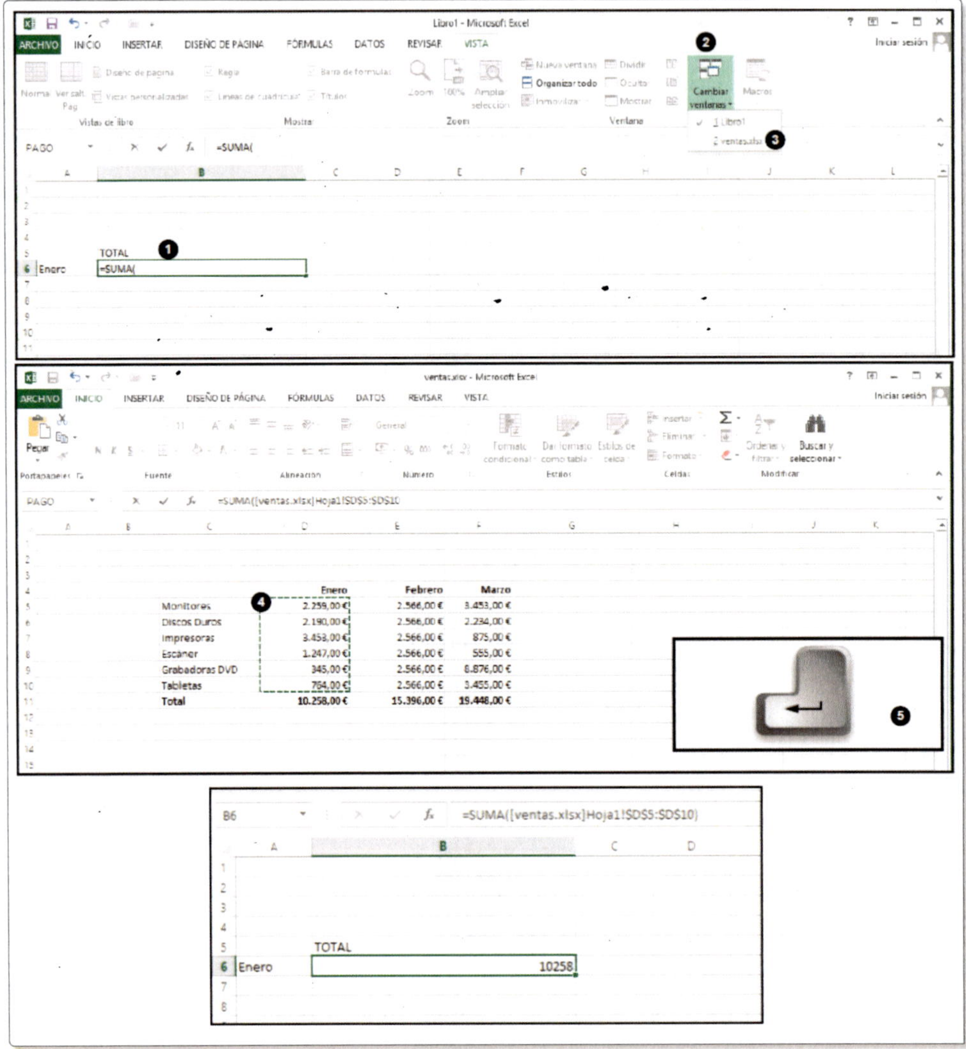

Cuando el libro origen se encuentra abierto, la referencia externa se muestra sin la ruta de acceso; cuando el libro esté cerrado, la referencia externa mostrará la ruta completa.

RESUMEN

- Sabemos qué es una matriz y su funcionamiento.
- Podemos crear una fórmula matricial, usando la combinación de teclas Ctrl + Mayus + Enter.
- También podemos crear constantes dentro de una fórmula matricial, separando éstas con “;” si es separador de columnas, o con “,” si lo es de filas.
- Dentro de una fórmula podemos incluir vínculos, es decir, referencias a otras celdas, hojas e incluso libros. Así, entre los diferentes tipos de vínculos tenemos la referencia externa, el libro dependiente y el libro origen.

ICB
EDITORES

GLOSARIO

Archivo

Unidad básica de almacenamiento de información (textos, bases de datos, hojas de cálculo, etc.) Cada aplicación informática está asociada a un tipo de archivo, los específicos de Excel son los llamados libros, que a su vez contienen hojas de cálculo.

Área de Datos

Espacio cuadriculado donde se teclean los números y los textos que se van a procesar.

Barra de Desplazamiento Horizontal

Sirve para desplazarse en sentido horizontal, cuando la hoja de cálculo supera la anchura de la pantalla.

Barra de Desplazamiento Vertical

Sirve para desplazarse en sentido vertical, cuando la hoja de cálculo supera la longitud de la pantalla.

Barra de Estado

Proporciona algunas informaciones sobre la hoja de cálculo actual.

Barras de Herramientas

Contienen una serie de botones que permiten activar con mayor velocidad algunas opciones seleccionables en la barra de menús. Estas barras por defecto suelen ser la barra "Estándar" y la barra "Formato", aunque pueden sustituirse por otras seleccionándolas entre las opciones del menú Ver – Barra de herramientas.

Barra de Menús

Contiene los nombres de las principales funciones de Excel XP. Al hacer clic sobre uno de ellos se abre un menú desplegable que da acceso a diversas opciones. El icono que se encuentra al comienzo de la barra activa el menú de control del documento, que permite desplazar, redimensionar y cerrar la ventana del documento activo. Los tres botones situados a la derecha de la barra sirven, respectivamente, para reducir a icono el documento, ampliar o reducir su ventana y cerrarlo.

Barra del Título

El icono situado al comienzo de la barra activa se denomina menú de control, y con él es posible reducir a icono, redimensionar o cerrar la ventana de Excel. A continuación va el nombre de la aplicación y el nombre del archivo abierto. Los tres botones situados a la derecha de la barra sirven para: reducir la ventana de la aplicación a icono (el primero), ampliarla o reducirla (el segundo) y cerrarla (el tercero).

Carpeta

Área de almacenamiento con nombre de un equipo que puede contener archivos, accesos directos u otras carpetas.

Casilla de Control

Se encuentra al inicio de la barra de menús y se representa con el símbolo de Excel. Ofrece acceso al menú de control que permite gestionar la ventana del documento, reducirla a icono o cerrarla.

Celda

Lugar de la hoja de cálculo donde introduciremos datos, fórmulas, imágenes o gráficos.

Control

Nombre dado a los tres botones, dispuestos en la parte superior derecha de las ventanas de Windows, que controlan su gestión. El primero sirve para reducir a icono la ventana, el segundo para redimensionarla y el tercero para cerrarla.

Cuadro de Diálogo

Recuadro de la pantalla que aparece tras haber seleccionado una opción o una subopción de los menús, en el que es posible elegir entre varias opciones.

Cursor

Signo de referencia que aparece en la pantalla del ordenador para indicar dónde aparecerá tecleado.**Fichero**

Sinónimo de archivo y documento. Se pueden usar indistintamente.

Filtro

Es una orden dada a Excel para que extraiga de una lista de datos una serie de valores que cumplan unos requisitos o condiciones especificados.

Fórmula

Acción que permite obtener resultados sobre un conjunto de datos, ya sean numéricos o de texto.

Fuente

Tipo de caracteres.

Función

Acción que nos permite generar operaciones complejas a partir de los datos de las celdas. Son funciones especiales que ya están escritas, y el uso de estas simplifica y acorta las fórmulas en las hojas de cálculo.

Grabar / Guardar

Almacenar el trabajo realizado en disco para su posterior utilización.

Hardware

Comprende toda la parte "física" de un sistema de computación.

Hoja de Cálculo

Es una aplicación que permite la introducción de datos y la obtención de unos resultados a partir de su análisis, teniendo la posibilidad de incluir fórmulas complejas y de realizar gráficas con los datos. Su objetivo principal es la creación de presupuestos, calcular facturas, impuestos, inventarios, estadísticas,...etc.

Imprimir

Envía el documento a la impresora sin pasar por las opciones de impresión.

Interfaz

Sistema de comunicación entre el hombre y la máquina. El interfaz del ordenador por ejemplo es el ratón, el teclado, el monitor,...; el interfaz de un programa es la disposición de los botones en la pantalla, la navegación,...etc.

Macro

Es una secuencia de operaciones que se usan con frecuencia o combinaciones de teclas que se pueden grabar e invocar para ayudar a acelerar la interacción del usuario con la aplicaión.

Libro

Es el nombre que recibe un documento de Excel, y se llama así ya que contiene varias hojas (de cálculo y de gráficas).

Lista

Es una serie de datos almacenados en forma de columnas a modo de base de datos. Contiene normalmente una cabecera con los rótulos de los campos en la primera fila.

Matriz

Es una serie de elementos formando filas (bi-dimensional) o filas y columnas (tri-dimensional).

Menú

Es una lista que se despliega con una serie de opciones de procesamiento de entre las cuales el usuario puede elegir una.

Menú Principal

Es el menú de nivel más alto en el árbol de menús.

Panel de Tareas

Nueva ventana o panel situado a la derecha de la ventana en la que Excel nos ofrece ayuda y accesos directos a las funciones y tareas más usuales.

Pantalla Completa

Activa o desactiva la visión de pantalla completa del documento, eliminando la barra de menús, las barras de desplazamiento y la línea de estado.

PC

Ordenador personal compatible (Personal computer) que puede intercambiar programas y datos con otros ordenadores del mismo tipo.

Puntero del Ratón

Elemento que permite saber en qué lugar de la pantalla se encuentra el ratón. Asume formas distintas según las acciones que se estén realizando. Si el puntero se encuentra en la ventana del documento, y no se está realizando ninguna acción en particular, tiene la misma forma que el cursor, mientras que si se encuentra en la ventana del programa, toma la forma de una pequeña punta de flecha.

Rango

Grupo o conjunto de celdas que gozan de unas características especiales con respecto al resto o que están agrupadas con algún fin.

Reducción a Icono

Acción que cierra la ventana del programa y la transforma en un botón de la barra de tareas, que contiene el icono que lo representa. Se efectúa mediante la pulsación del botón de control de la pequeña barra o mediante la opción correspondiente del menú de control.

Sistema (Operativo)

Soporte o plataforma informática en la que se encuentran instalados los programas.

Software

Todo programa ejecutable desde un ordenador.

Solver

Es una herramienta de Excel que nos permite solucionar problemas modificando valores e incluyendo condiciones.

Tabla Dinámica

Es una tabla creada a partir de una lista o base de datos, y nos permite modificar su aspecto de forma que podemos obtener resúmenes, cálculos y diversas operaciones.

Unidad

Estructura de almacenamiento de información en forma de archivos. Además de las unidades A: y C: podemos encontrar el CD ROM y las unidades de almacenamiento externo (ZIP, JAZ, etc.)

Variable

Una localización de almacenamiento primario que puede adoptar diferentes valores numéricos o alfanuméricos.

Ventana

Área rectangular que contiene un documento o un programa.

Ventana del Libro

Es la ventana que contiene el documento que Excel está elaborando. Esta ventana puede gestionarse independientemente de la del programa utilizando sus botones de control, que se encuentran a la derecha de la barra de menús.

Vista Preliminar

Función que permite visualizar el aspecto definitivo del documento antes de imprimirlo.

Web (Página)

Es un documento que se ubica en Internet. Las webs (o páginas web) contienen enlaces con otras páginas, lo que permite la navegación por la red.

AF607367

LA EDAD INCIERTA

Aída Martínez de la Casa

LA EDAD INCIERTA

Nueva Estrella

Nueva Estrella

Avda. de los Rosales, 16 C
28041 - Madrid
Telf. 629 48 93 67
www.editorialnuevaestrella.com
info@editorialnuevaestrella.com

Prólogo: Seda Cruz
Imagen de portada: foto de Rosa Blanca, abuela de la autora
Diseño y maquetación: Repeling & L

Primera edición: marzo de 2025
ISBN: 978-84-17857-88-2
Depósito Legal: M-7689-2025

Impreso en España - *Printed in Spain*

Como siempre, a las que me dieron la luz.

Índice

Prólogo

¿Una poetisa nace o se hace? Pregunta manida y repetida por todo amante de la buena poesía. En el caso de Aída Martínez de la Casa nace y vuelve a nacer con cada verso, con cada vivencia trascendida por la magia de sus palabras, con cada lágrima y sonrisa que en forma de Belleza deposita ante nuestros asombrados ojos.

La mirada caleidoscópica de sus grandes ojos negros nos enseña que la vida, si se observa con mirada de niño, nos puede ofrecer un paisaje benevolente y que los sucesos que nuestra leve existencia acarrea se convierten en oportunidad para los valientes que se atreven a descifrar sus enigmas en lugar de ceñirse a sobrevivir. No por nada el poeta es un ser que tiende de manera natural a la trascendencia en todas sus formas y que busca la Belleza en lo pequeño para sacar a la superficie las piedras preciosas de la poesía.

Es por esto que la infancia juega un papel fundamental en su escritura. Los niños y la pureza de sus ojos anidan en el alma de la poetisa y se reflejan en una escritura depurada e intimista, atravesada por una rítmica cadencia, dulce y sutil como las nanas que entona para su amado hijo.

De este modo, las palabras son en sus manos un salvoconducto perfecto para expresar la esencia de un corazón que ha amado y ha sido amado. A través de recuerdos o de un espejo, a través de unas llaves o de una despedida, Aída despeja todas las dudas posibles: en el Amor se encuentra la única respuesta.

Madrid es el escenario que se yergue en nuestra autora como paisaje ideal (un *locus amoenus* personalizado: Huertas, Retiro, el Prado, Rastro) y, al mismo tiempo, como testigo trascendente de las reflexiones poéticas de nuestra poetisa, que, cual Penélope en la capital, espera que sus seres queridos vuelvan algún día, aunque sea en otra forma y otro tiempo. Tanto es así que la autora no puede despedirse de su Madrid, como tampoco puede despedirse de los suyos. De ahí estos versos como homenaje póstumo o tributo a ese valiente ejercicio que es vivir sin mancillar su pureza, sin caer en el desencanto.

Y así nuestra airosa Penélope viaja en el tiempo, de Madrid a París, habiendo realizado con su poesía una alquimia singular: transformar lo cotidiano en materia de sueño y arrancar de lo cotidiano su divinidad oculta como el perfume único que exhalan las flores de un día, flores secretas que nunca mueren en los inmortales versos de Aída.

Seda Cruz
Madrid, a 17 de septiembre de 2023.

La edad incierta

I

PARÍS - MADRID

1942

Ocho años tiene la niña
subida en el tren
el corazón hecho añicos de despedida.
Adiós a su madre,
adiós a su vida.
No volverá a tener sus besos, sus abrazos,
botín preciado de guerra.
Vuelve con sus hermanos.
El pequeño, llora que te llora,
se entretiene mirando su pena en la ventanilla.
Ya han dejado París.
Vuelven a su tierra.

… / …

… /…

Y aquellas vías del tren,
como arterias,
los traen hasta Madrid,
sangre nueva…
Ya están de vuelta.
Su padre en la estación.
Años de besos perdidos.
La niña se acerca,
todavía le recuerda…
Los pequeños no saben quién es.
Tienen miedo.
Se esconden detrás de ella.
Rosa Blanca,
ese es el nombre de la niña,
los coge de la mano,
los besa,
no dejará de quererlos
toda la vida…

A pesar de lo que le duelen las ausencias,
lo que hieren las pesadillas,
donde sigue buscando ya anciana la niña,
los ojos de mamá, sus caricias.
Ya no hay nadie.
La casa vacía,
sólo sangre, bombas, sus manos frías…

* * *

II

LLAVES

Son llaves
las palabras tuyas que encierran,
que explican lo que es la vida,
que aprehenden lo que es el alma.
Abismos de pensamiento y de letras
sin erratas.
El espíritu en canal,
grito,
pero sólo salen hierros de mi boca.
Son llaves
las palabras que intentan explicarme
lo que no se puede pensar,
lo que el alma llora.
Abierta en canal.

* * *

III

EN EL FONDO

Podré olvidarme de la primavera,
de sus rosas, de sus madreselvas,
de los ojos de tantos que me amaron,
del olor de los veranos,
de las voces de la infancia,
del sabor de los caramelos de violeta y
de aquellos atardeceres azules, rosas, naranjas…

Me olvidaré del otoño,
de sus mantos interminables de hojas secas,
de las castañas
que recogía de pequeña con mis padres
en El Retiro,
del olor de las asadas en las navidades,
en los puestos de Ópera o de Arenal.

…/…

…/…

Podré olvidar los inviernos,
llenos de violetas y de pensamientos,
de las pocas veces que vi la nieve,
de las luces navideñas que golpeaban mis cristales
rebotadas de otros tantos
con infinitas chispas de colores.

Podré olvidarlo todo, sí,
los nombres y las flores,
los colores y los argumentos,
los pájaros,
la poesía.

Todo.

Todo menos a ti,
perenne en el fondo de los vasos,
en el reflejo de ese destino invisible
que nos separa,
posada siempre
en el filo más oblicuo de mi alma.

* * *

IV

RETIRADA

Me iré escapando de tus dedos
como si fuera aire,
como si fuera tiempo.
Ya no me verás cada mañana
amanecer contigo.
Ya no soñaremos juntos
ni compartiremos café y pesadillas.
Ya no estaré más a tu lado.
Aunque te parezca increíble,
si no hoy, algún día…
Y ya lo creo que me recordarás
y los besos ausentes te pellizcarán el alma
a cada rato
para recordarte
lo estúpido que es el ser humano…

* * *

V

VAHO

Lo que dura esa nebulosa
de las letras moribundas,
mientras hago surcos de memoria
escribiendo con el dedo
tu nombre en los cristales,
te hago presente
en los vidrios empañados de mi alma
y de tu ausencia.

* * *

VI

ELLA

A ti te doy mi vida.

Tu voz y tu presencia, mi melancolía.

Tu ser, mi medio ser y tu alma, mi esencia toda.

A ti te doy mi vida, me dijiste aquel día…

Y volví a nuestras horas juntas cuando niña.

Y recorrí los años a tu lado.

Y me senté contigo en el columpio del jardín.

Y pensándote, me di cuenta de que eras literal…

* * *

VII

ANÓNIMO

Nunca supe tu nombre.
Tampoco importaba.
Ya sabes que la sintaxis
se destruye entre las sábanas.

* * *

VIII

EL SUEÑO DE HÉRCULES

En algún lugar de esta ciudad duermes…
Quizá bajo la misma estrella que la mía.

En el fondo,
siempre fueron cortas las distancias
entre tú y yo…

Aunque condenados a encontrarnos
sólo en sueños
o en Lavapiés,
o en La Latina
o en el infierno.

Tú, mi Hércules,
yo, eternamente tu sirena de asfalto y amapola.

* * *

IX

Mañana de invierno en Madrid.
La Puerta del Sol en inusual vacío.
Nácar y hueso en Pontejos.
La nata de La Mallorquina.
La centenaria librería de la esquina.
El tiempo congelado
al pasar por San Ginés.
Galdós vive todavía…

* * *

X

Hoy tengo el alma y la carne
dividida en dos,
me pesan tanto los olvidos, las ausencias…
Anhelo mi infancia,
llena de amaneceres iguales y de muñecas.
Anhelo a mi abuela,
su cuartito, su mesa camilla, sus ojos verdes,
sus torrijas, sus refranes, su ser todo.
Anhelo mi casa,
mi hogar, la cuna y la tumba
de mis antepasados.
Anhelo a mi madre
esperándome en la ventana,
las golondrinas y los gorriones,
mis balcones, mi Madrid.

* * *

XI

Desde la más profunda oscuridad
dos luceritos asoman…
Son los ojos de mi niño
cuando no llora.

* * *

XII

Y camino esparciendo versos por el suelo…
proyectando al cielo,
devolviendo al aire,
palabras que te pesan en el vientre,
que te pisan los talones.
Y voy dejando memoria de ti en todo lo que hago.
Y tropezando con mi sombra me doy cuenta
de que todo lo mío es tuyo…

* * *

XIII

Nos apostamos la vida a besos
y perdimos el amor en el intento.
Póker de ases en una mano,
en la otra la pistola…
Al final todo se fue al rojo.

* * *

XIV

Un caleidoscopio por reloj,
una mariposa por lazarillo,
el corazón centrifugado,
el pensamiento en fascículos.
Me han pintado de negro las losetas amarillas.
Tendré que seguir el cordelito
que me han dejado tus ojos.
Espero no acabar en casa de la bruja…

* * *

XV

No estoy por la labor,
esta vez no.
No voy a dejar de lado mis cuentas
por tu hacienda.
Me debes tanto…
No estoy dispuesta a vivir más
encadenada a tu vergüenza.
Me salió cara la inocencia…
No esperaré más a tu sombra,
no vale tanto mi palabra…

* * *

XVI

El mirlo muerto en la acera…
Acaso era el mismo que cantaba el día anterior
en mi ventana…
La nieve va cubriendo su cuerpo de escarcha
mientras
sus ojos son devorados
por cruentos gatos
ansiosos de su silencio y de su ser todo
y su vuelo será ya un aleteo constante y alegre
en el infinito…

* * *

XVII

Lo que te dije aquel día en Madrid,
torbellino de hojas secas,
son mis palabras de amor
volando por las aceras…

* * *

XVIII

No me despido de ti, Madrid.
No me puedo despedir.
Estoy cosida a ti,
mi corazón a tus costillas, desde que nací.
Me has hecho a tu imagen y semejanza, múltiple
y
poliédrica de otras culturas y épocas.
Yo me sueño en ti.
Tus rincones y tus muertos son los míos…
No me despido de ti, mi Madrid.
Yo no me puedo despedir.

* * *

XIX

Y así fue, al fin, la despedida,
un abrazo infinito debajo de mi balcón,
donde nos miraba siempre el aloe de plástico, ese
del que tantas veces te reías…

Sabíamos que era el último,
al menos en esta vida
y lo apuramos tanto…

Que así, en la despedida,
se nos vino la noche mientras se hacía de día.

* * *

XX

Ojalá pudiera ver de nuevo el mundo
con mis ojos de niña,
donde los malos y los monstruos
sólo estaban en las películas,
donde el llanto sólo duraba segundos
en brazos de mamá,
donde una caja sin abrir
eran infinitos regalos.
Ojalá volvieran los días de Cabalgata
con mi abuela,
los cuadernillos de verano con olor a hortensias,
los días eternos de vacaciones,
las peleas infantiles con mi hermano,
los desayunos con mi madre en la cocina,
los discos de mi padre y su guitarra,
la ventana de mi habitación,
por la que veía mi Madrid,
sus coches y sus golondrinas.

* * *

XXI

A todas mis compañeras
de este tiempo y del pasado:
golondrinas presas, alas hechas añicos.
A todas las que no os enseñaron o
no os dejaron volar.
Mariposas partidas en dos.
A todas os digo:
El pasado será suyo…
El futuro, el futuro es nuestro.

* * *

XXII

El jardín en completa oscuridad.
Las ramas pugnan en el caos
por encontrar una salida.
El pozo negro devuelve el eco de voces
de otros tiempos.
El olvido sella la puerta.
Y la hiedra rebelde no se resigna.
La casa por dentro está muerta
llorando envuelta en sus harapos amarillos,
los tiempos pasados y sus niños.
Resuena ronco y cansado el aire en sus pasillos
de laberinto
sin alma que le responda…

* * *

XXIII

Fuimos a tumba abierta,
pero el cadáver aún estaba caliente…
Tú en mi cuerpo, yo en tu mente,
yo esperando, tú cobarde siempre.
Perdí yo.
Ganó ella.

* * *

XXIV

Parece que nos estamos olvidando
de querernos…
El cuerpo y la cabeza en otro lado y
mi corazón
yo no lo encuentro.
Busco entre las sábanas
donde está tu cuerpo
respirando junto al mío.
Aunque estamos a años luz
sin tú saberlo…

* * *

XXV

Mi cabeza,
caleidoscopio de recuerdos,
forma historias que nunca fueron
y evapora y destruye los hechos ciertos
que guarda mi memoria,
rotos, manchados, secretos…

* * *

XXVI

No voy a darte el placer de la despedida.
Me iré en silencio,
sellando la salida.
No te concederé la revancha,
ya me has ganado tantas batallas…
Pero en esa última,
en la guerra del olvido,
tú serás mi prisionero.

* * *

XXVII

Amanece en Sol…
Y los aires del pasado ensanchan mis pulmones y
sus calles me van tomando el pulso
tan cansado…
Que me parece que he vivido tantas vidas
que se me amontonan sus almas en el costado.
Tanto me pesan tu luz y los recuerdos…
Y cuando vuelvo a casa
te busco entre la muerte de los cristales.
Y te llamo y no te encuentro…
Me acurruco en el suelo, me dispongo a soñar…
Sólo así podrás vivir en mí de nuevo.

* * *

XXVIII

Nos fabricamos nuestro jardín
con aloes de plástico
donde las miradas hacían cobardes las palabras.
Yo, edelweiss a ras del suelo,
tú, un funambulista con demasiado vértigo.
Fuera de nuestro universo de papel,
hojalata y cera,
de nuestros rincones de Madrid que se crearon
sólo para nosotros
y que ya no nos verán más,
fuera de aquel vermut en aquella taberna,
de ese primer y casi último beso,
tan fugaz fue lo nuestro…
Fuera de eso, yo vergüenza, dolor y rabia
a manos llenas,
tú, tú tan sólo pena, pena por ella…

* * *

XXIX

Odio soñar contigo,
que me sigas alcanzando,
que me persiga aún la huida,
seguir llorando,
que me robes la vida todavía.
Aunque en sueños,
tu presencia me ahoga,
me asfixia.
me deja mucha pena,
me deja mucha ira,
que me sacudo como telarañas
cuando se hace de día.

* * *

XXX

Ya nunca, sin ti.
Ya no será Madrid.
Se rompió la telaraña de cristal
de tus ojos a los míos.
Murieron aquellos besos
entre un torbellino de carne,
de lágrimas, de recuerdos…
El sabor del vermut en tus labios,
el peso de la culpa en las entrañas,
nuestros ecos, nuestros pasos invisibles
por aquellas calles de nuestro Madrid,
congelados en el tiempo,
serán testigos de mi muerte,
no de mi olvido.

* * *

XXXI

Alicia ha muerto.

Las baldosas amarillas son ríos de sangre.

Yo también buscaba mi hogar…

Una bruja me abre la puerta.

La lumbre encendida.

La cabeza del príncipe encima de la chimenea…

* * *

XXXII

Otra vez tú, nostalgia infinita.
Me haces el corazón hojas secas
anegado de recuerdos, de rostros,
de tantas voces conocidas...
He perdido tanto por el camino…
Que yo ya no me encuentro
en lo que tuve algún día…
Y tan sólo mis ojos húmedos y cansados
muestran la tristeza que mi boca niega,
que todo mi ser hundido
en la más miserable de las nieblas
niega.
Otra vez tú, te conozco tanto, melancolía…
No ha habido amistad que me durara tanto.
Por eso no puedo pedirte que te vayas
porque no sé por dónde se puede partir el alma,
porque no sé, en realidad, quién ganaría la partida…

* * *

XXXIII

SECRETOS A VOCES

Necesito que me guardes un secreto…
Ya no te quiero.
Se murieron las caricias.
Se secaron los besos.
No me piensas.
No te siento.
Quiero que me cuentes tu secreto…
Que me digas de frente, no,
ya no te quiero…

* * *

XXXIV

A MI HIJO

Perdóname, mi vida,
por las veces que
no me daba cuenta
de que perdería esas sonrisas,
tu manita acariciando la mía
en bucle, una hora seguida…
Esa mirada tuya de amor infinito que
clavabas en la mía
cuando se quiere decir todo
donde aún no existen las palabras…
Nuestros abrazos y nuestros juegos,
aquella lengua de trapo tuya,
de nuestras batallas,
que siempre terminaban a besos…

* * *

XXXV

Y es que cuando nuestros ojos se encontraban
en aquel oasis nuestro
entre Quevedo y las perpendiculares,
una oración simple y un punto de fuga,
hacíamos de ese instante un siempre.
Reinventábamos nuestras vidas
imaginando cada uno secretamente
un nosotros que nunca sería.

* * *

XXXVI

¿Por qué negabas a tu boca lo que
con los ojos decías?
¿Te sirvió de algo la mentira?
"Dejo un tesoro"
–me decías–
y con aquel último abrazo
que anuncia la muerte o la despedida,
pensaba yo:
"Bonita manera de querer
que inmolas el corazón
de las dos que te querían".

* * *

XXXVII

Ojalá viviéramos dentro de un cuento
y que no fuera cierto tu final,
que estuvieras a la vuelta del espejo
y no dentro
donde no te puedo alcanzar…

* * *

XXXVIII

Que no te busquen en la tierra
que tú ya no estás ahí.
Que te busquen en mí y en todas las cosas
que de ti están llenas.
Que te busquen al otro lado,
entre tus sueños
o en los que te lo quitaban…
Que te busquen en el fondo del espejo,
en tus ojos, de aquel verde confuso,
en el secreto tuyo de lo amado...
En tus recuerdos dormidos, en tu muñeca,
en tus atardeceres y en tus lilos,
en aquella casa, en los besos de esquimal,
en tu corderito blanco…

* * *

XXXIX

Recuérdame que no te recuerde,
que eche en el más profundo olvido
la sangre que te faltaba y la que me quemaste.

Recuérdame que por el verdugo no se llora,
siempre fuiste el malo de nuestra película…

Recuérdame que contigo nada mereció la pena,
ni las lágrimas, ni las esperas, ni las pesadillas.

Pero el tiempo está haciendo bien su trabajo
y yo jamás estuve tan feliz con mi mala memoria…

* * *

XL

Y pude resistir el encierro,
recorriéndote a recuerdos, mi Madrid…
Siempre desde aquella casa mía,
(me dejé una buena parte del alma allí)
con sus balcones a la Gran Vía, a tu cielo azul,
a las golondrinas…
Bajo las escaleras quejumbrosas,
el olor a madera,
el piano del segundo siempre sonando,
mi amor secreto e imposible de esos días.

Me dirijo a Palacio, a mi parque de El Cabo
donde tendría que haber jugado más de niña,
ya ves, entonces prefería hablar con las ancianitas…
Arenal, Huertas, la Plaza Mayor…

…/…

… /…

Y otra vez la luz, los adoquines, los geranios,
la tienda de ultramarinos de la plaza,
el jazz esperándome en la esquina,
aquella declaración de amor,
el cementerio reconvertido en floristería,
mis primeras letras, mi otra casa…
Aún te sueño todavía…

* * *

XLI

PACTO DE SILENCIO

A la vuelta de tu nombre y a la vuelta del mío
un beso invisible yace
perenne en mis labios mientras
una línea discontinua
enlaza nuestros cuerpos
que sudan recuerdos
y nos quitamos la piel a tiras
en el intento
y nos quedamos solos y en el silencio
hacemos un pacto:

Lo nuestro sólo será nuestro…
Suspiros, piel, labios, cuerpos.

* * *

XLII

Y es que para mí eres pura luz y aire y sangre
y corazón.
Y a cada paso, en cada plaza,
en cada balcón, me ensanchas el alma,
Madrid del alma mía.

* * *

XLIII

Y con cada lágrima lloro lo presente,
lloro lo pasado y lloro por
lo que tendré que llorar.
"Llorar no sirve de nada", ya…
Pero con cada lágrima,
me dreno un poco de veneno del alma.
Y mis nostalgias invisibles
con la sangre de mis ojos,
por un momento se aplacan.

* * *

XLIV

… Y es que siempre estás ahí,
en los recuerdos de mi infancia,
en aquel cuartito con su claridad
y su mesa camilla
con tus consejos y tus refranes siempre sabios
que en tu boca eran poesía.
Siempre estarás aquí:
En mis pensamientos, en mis palabras,
mientras yo viva…

* * *

XLV

ROSA BLANCA

Tú, que tantas veces quisiste alas
para venir a mi lado,
qué maliciosa es a veces la vida y la distancia…
Tú, que me explicaste lo que era la nostalgia:
Estar siempre a solas
con los recuerdos en las esquinas
y las lágrimas siempre en el alma,
a punto de nieve…
Tú, que tantas veces me decías:
"Para qué voy a decirte cuánto te quiero,
nieta mía…
Tú ya lo sabes.
No vale de nada".

* * *

XLVI

La luz había muerto en Huertas,
y la lluvia se enjugaba el llanto en sus adoquines
de oro y piedra…
El localito aquel de jazz de la esquina,
mis labios llenos de carmín
y de melancolías inciertas,
en espera…
Allí te escribí aquellas palabras,
que me consta conservas todavía…
Era toda mi alma lo que te di aquel día
entre nuestro portal
y la calle de Santa María.

* * *

XLVII

Te busco entre la gente,
en las plazas,
en las esquinas,
en el reflejo de las fuentes…
Pero a ti ya no te encuentro,
sólo queda, como durmiendo en el aire,
el recuerdo inerte de tu mirada
profundísima y vidriosa en Puerta Cerrada,
tus palabras
que rebotan en las piedras
del Pasadizo de San Ginés,
mi corazón
que quedó suspendido entre tus brazos
en la Cárcel de Corte.

* * *

XLVIII

Aún me acuerdo de cuando me querías...
¿Qué pasó con todo aquello
que sólo tú y yo sabemos?
Lo que fue fuego, dicha, cariño, deseo...
Ahora es ceniza mojada sobre mi pecho.

* * *

XLIX

Sé que, si acaso algún día fuera cierto,
y compruebo
al fin que tengo alma,
una parte, no lo dudes, una parte
volvería a tus paredes, a tus ventanas,
a tu chimenea y sus butacas.
Volvería con mis padres, con mi abuela.
Volvería a ese pasado, cuando niña.
Y una y otra vez viviría la misma escena,
los besos de mi madre, decir hola a papá
desde los balcones,
oír la voz de mi abuela, sus consejos,
sus refranes,
el crujir de la escalera, el olor a tu madera.
Sé, que una parte de mí volverá,
volverá a los días donde todo
mi universo estaba dentro de ti:
Tus cimientos son mis venas.

* * *

L

Hoy he vuelto al jardín de los lilos blancos,
allí seguía la paloma muerta
a medio comer por las hormigas.
Me pregunto
si la próxima primavera nos querremos todavía.
Habrá que dejar que la Naturaleza
siga su curso…

* * *

LI

El columpio solo de la casa sola
va, viene, va, viene, va, viene…
Y así una hora y otra y otra…
Y un día tras otro.
Más de sesenta.
Más de dieciséis años…
El columpio iba, venía…
Y yo siempre la misma,
tristeza infinita,
con la sensación perpetua de la falta
que me fue haciendo un abismo
de telarañas en el alma.
Yo quería bajarme, lo pedía a gritos…
Pero el columpio no paraba, jamás se detenía…

* * *

LII

Insoldable misterio del espíritu y de las entrañas.
El latido de tu corazón acurrucado con el mío
mientras te quedas dormido.
Nuestras manos cogidas en perpetua caricia.
Esos ojillos,
profundos abismos…
Y es que son tuyas y son mías
tu mirada, tu sonrisa.
Y es que tu corazón late en mis venas, vida mía.
Insoldable misterio del espíritu y de las entrañas…
Insoldable misterio el de esas palabras,
ese "te quiero" que me dices, hijo mío,
que me pone en flor el alma.

* * *

LIII

Nos han parado el tiempo,
ya no hay más que abismo,
no hay más que silencio…

¿A qué entonces tanto llanto?
¿A qué entonces tanto miedo?
¿A qué todo,
si al final todo se queda en nada…?

Se nos ha roto a todos algo en el alma,
ese hilo finito,
como tela de araña,
y se han quedado suspendidas,
como gotas de rocío,
nuestras esperanzas.

…/…

…/…

Mientras, la vida palpita por seguir emergiendo
y desbrozar el dolor, aunque sea a dentelladas,
pero ahí quedan los muertos.

Ellos no volverán de este mal sueño,
de esta zanja inmensa que nos abrieron
en la vida y en el alma,
silenciosamente, sin saber cómo,
sin haber quién…
Sólo sé que tú te fuiste,
como muchos también marcharon,
que lo absurdo, lo impensable,
lo increíble sucedió
y que todos nosotros nos quedamos
un poco huérfanos
y con mucho, mucho frío en el corazón.

* * *

LIV

SILENCIO

Para qué voy a hablar si estoy mejor callada…
Tantas veces me traicionaron las palabras…
Pero hoy tengo una sensación incierta,
de derrota, de despedida…
Es como si me quitaran el espíritu
a tiras,
Pero no todos los días van a ser malos.
Se turnan los unos con los otros.
Y a la mañana siguiente me digo,
venga, cósete los jirones,
levántate,
hazte té de tus lágrimas.
Arriba…

* * *

LV

Lo nuestro fue como buscar una brújula
en un laberinto,
así, en constante desencuentro, estoy contigo.
Ajena ya de mí y de todo,
huérfana de ti sin tú saberlo.
Apátrida de tu mirada,
desvelo de esas noches,
alegría de esos días que rozamos con los dedos
y perdimos para siempre.

* * *

LVI

Hagamos un trato:
no lloraré si tú no lloras,
no sentiré si tú no sientes,
no recordaré tus besos, tu olor, tu tacto…
si tú ya no te acuerdas.
Dejaré de soñarte
si tú ya no me sueñas.
Hagamos un trato:
si algún día dejo de quererte
que estos versos caigan en el olvido
para siempre.

* * *

LVII

Despojarme de ti sería despojarme de mí,
vaciar la muerte en la vida,
vomitar el alma,
arrancar las lágrimas a tiras,
arañarme el corazón y hacer surcos por la ira.
Estar sin ti sería
como estar en mitad del océano
sola
sin agua, sin estrellas,
perdida en la oscuridad más absoluta,
en la inmensidad más infinita,
rodeada tan solo del silencio perturbador que
da la muerte que es sin ti la vida.

* * *

LVIII

Te diría tantas cosas…
como por ejemplo te quiero.
Te soñé como eres,
te esperé y viniste a
redimirme y a
curarme de mí misma,
con tu sangre lavaste mis heridas
que del alma jamás cicatrizaron,
te llamo a aullidos,
rajando la noche,
tronchando en dos todas tus estrellas
que aún sobreviven a mis torpes manos,
me engancho a ti desesperada,
cegada de tu luz y de tu esencia,
empapada de tu ser
hasta que borracha de ti
empiezo a soñarte una y otra vez de nuevo.

* * *

LIX

"No eres real"
me dices mientras sostienes
en vilo mis pupilas
que crepitan dulcemente
entre las notas suaves de tus besos.
Me dices que no existo,
que no puedo ser,
que no soy
y yo me pregunto…
si tú eres:
¿por qué yo no?

* * *

LX

Qué sola te has quedado,
ya solo te velan los fantasmas
con sus opacos cristales grises de
alma cansada.
Qué sola me he quedado
sin tu luz que era mi luz y
tu presencia.
Ya de tus entrañas no brotarán más
la risa y el llanto.
Qué solos has dejado
a los muertos que te habitaron
privados ya de ti sin ser.
Y ya muda y fría
serás sarcófago de sueños,
abismo eterno de ilusiones.
Eres ya de la nada etérea
mariposa de un día,
luciérnaga de infinitas noches.

* * *

LXI

Todo me lo dijiste en lágrimas,
y yo te quise tanto
que la semántica no me alcanza…
Las palabras eran abstracciones que sobraban…
Todo me lo dijiste en una caricia,
tu mano sobre la mía,
mi pupila en tu retina…
Todo me lo dijiste con un beso
mostrándome entre tus labios
el vértigo del universo.

* * *

LXII

Quiero aprehenderme de la historia de tu lengua,
conocer el secreto suave y gutural de tus entrañas,
tocar lo alado de tus sesos,
diseccionar del corazón el sentimiento.
Quiero bucear en tu océano naranja,
abrirte los párpados desde dentro,
golpearte en la retina,
encharcarte a besos los pulmones.
Quiero instalarme en tus costillas,
abrazarme a tu garganta,
y esperar tranquilamente
a ser tragada por tu alma.
Quiero sobrevivir en tu memoria,
perderme en tu recuerdo,
soñarte eterno en mí,
morir mientras tú mueres,
vivirte mientras vivas,
hasta que la luz de tus neuronas te abandone
al fin.

* * *

LXIII

Me gusta cuando a mi lado duermes
y un ser de otro mundo,
etéreo y perfecto pareces
y mientras velo tu sueño
en tu respiración me meces.

* * *

LXIV

Yo quiero ser de esos ancianos
que con ochenta y...
van cogidos de la mano
y siguen mirándose a los ojos
diciéndose todos los días
un silencioso te amo.
Yo quiero contando las arrugas de tu frente
decirme:
qué bueno que los pasé contigo.
Yo quiero que cada beso en estos años
sea una victoria sobre
nosotros mismos, sobre el tiempo y el espacio.

* * *

LXV

Anoche soñé que
me salvabas de mí misma:
Bendita ilusión.
Y que arrancabas los fantasmas
de mi triste corazón.

* * *

LXVI

Desarmada, sin dueño ni batalla…
la princesa que no tiene sueños vaga.
Ya no espera príncipe o castillo…
Nunca quiso nada.
Simplemente pasa por el cuento
invisible …
Silenciosa…
Vana…

* * *

LXVII

Qué solas se han quedado sin ti, sin mí
las calles de Madrid.
Qué tristes ya sin un nosotros ni un mañana.
Qué distintas serán ya siempre
teñidas de tu esencia y de mi ser.
Ya esas calles en la telaraña
del recuerdo quedarán
intactas en la memoria y
quizá en nuestros sueños
podamos recorrerlas
una y otra vez de nuevo.

* * *

LXVIII

Adiós mis sombras,
adiós mis niños muertos centenarios
olvidados,
llorosos, dormidos,
sonrientes o tiznados
entre cascadas de bucles dorados.
Adiós a los espejos del otro lado.
Me despido de vosotros
mis fantasmas soñados
de los que solo guardo los jirones olvidados
de vuestras miradas de abismo,
el leve parecer de una sonrisa dormida, quieta
ya para siempre entre los tules del tiempo.

* * *

LXIX

AJUSTE DE CUENTAS

No me salen las cuentas.
Te debo tantos besos, tantos abrazos…
Te debo la despedida…
Callado e inconcluso te dejó la muerte,
ahora que por fin me hiciste tu cómplice,
con el tiempo justo para saber lo que me querías…

Y no me salen las cuentas,
de las miradas, de las sonrisas que
nos debemos.
Bondad a manos llenas,
hombre de sonrisa verdadera,
corazón lleno de hijos y de azucenas.

No me salen las cuentas.
Desde que te fuiste en silencio y nos dejaste
una mañana de escarcha en los corazones,
una noche eterna sin estrellas.

* * *

LXX

PARÁSITOS

Aquí sigo,
a pesar de lo que duele la muerte,
a pesar de lo que duele la vida,
a pesar del despertador y
de la vergüenza de las liendres
que, en mi corazón,
de un tiempo a esta parte,
anidan...
A pesar de los recuerdos rotos y
de esta infinita desidia.
Aquí sigo...
Y necesito decirme una y otra vez
la razón, a solas,
desde la ardiente soledad de estos días,
que son clavos y
que son bucles.
.../...

…/…

Y así, sigo esperando
la muerte y la vida,
mientras me bebo mi sangre en lágrimas,
en constante desencuentro conmigo misma,
mientras alimento los parásitos del alma…
Después, te miro y me enseñas
lo vacío,
lo inútil de algunas despedidas,
y así, un día más,
dejo mis larvas tranquilas…

* * *

LXXI

SUEÑO DE PANDEMIA

Medusa miró a Madrid.
Y la Gran Vía,
desangrada de pies, de caras,
de voces, de vida,
era piedra,
muda y aletargada.

Y en el estanque de El Retiro
se bañaba la Melancolía,
y dejaba empañado,
en un silencio claro y triste
el Palacio de Cristal,
opaco de ausencias,
huérfano de niños, de viejos, de cisnes.

… /…

…/…

Y en el Paseo del Prado,
los árboles, heridos de soledad y de muerte,
se han puesto de rodillas
y echando las raíces al cielo
piden o rezan flores o escarcha,
ojos y latidos.

Y la gente en El Rastro llora,
llora por el pan y los encuentros,
llora por nosotros,
por los vivos, por los muertos…

Madrid mira a Medusa.
Le pregunta lo que eran los abrazos,
por el sabor de los besos.

* * *

LXXII

ETERNO RETORNO

Cuando ya no seamos nada,
te diré lo que te odié,
te diré lo que te amaba…
Cuando no haya ya peligro de cruzarnos
ni en el pensamiento, ni en las avenidas,
cuando ya todo me sea indiferente y ajeno,
entonces, te confesaré lo que te amé,
te confesaré lo que te odiaba…
Y cuando tus manos, que un día,
por un instante, fueron mías,
sean ya de la tierra impenitente,
y no haya ya cuidado de encontrarme
con tus ojos, con tu boca,
más que en los laberintos de la memoria,
te gritaré lo que sentí,
te susurraré por qué lloraba…

* * *

LXXIII

ERA FELIZ

Entonces no lo sabía,
pero era feliz.
Podía mirarte y te veía
Y allí estabas, justo al alcance
de mi mano, de mis besos, de mis abrazos,
de mi ser toda.
Entonces no, no lo sabía,
pero tú, mi hijo, eras mi posdata y mi remite.

* * *

LXXIV

CUARTO Y MITAD

Hay que administrarse el alma,
no perderla a trozos, dejársela a jirones
en batallas ajenas, vanas.
Recuerda que ninguna guerra merece la pena,
me decía mi padre…
Hay que administrarse el alma,
dejar que se sane, y que llore
los momentos perdidos, las ausencias...
Hay que administrarse el alma,
y no dar trozos de corazón al que no lo tiene
al que nunca lo tuvo,
sólo le habrás dado otra cornamenta de ciervo,
otra cabeza de animal herido y perplejo.
Hay que administrarse el alma,
no intentar partirse en dos
porque casi nunca salen las cuentas.
No pretender correspondencias,
de lo bueno o de lo pasado casi nadie se acuerda…
Hay que administrarse bien el alma,
tener mucho cuidado a ver a quién se la fías…

* * *

LXXV

LA COSECHA

Mis lágrimas son versos,
son poemas hechos de despojos, de miserias…
Son palabras sin alas, abortadas, muertas…
Aquí tienes el fruto de mi amor
y de tu indiferencia.

* * *

LXXVI

BUEN VIAJE

Nos hicimos viejos
mientras nos mirábamos a los ojos
Y nuestros días pasaron entre hijos
y cielos naranjas.
Y no, no nos ha bastado esta vida,
que necesitaríamos la otra para llenarla de besos,
de sueños, de risas,
de hijos, de nietos, de atardeceres en la finca.
Nos hicimos viejos, sí, y aunque yo haya muerto,
créeme, amor mío, si te digo que vencimos.

* * *

LXXVII

HUIDA

Corría en círculos concéntricos,
persiguiéndome a mí misma,
hasta que caí en la cuenta de
que no se puede alcanzar
lo que quizá
no existe...

* * *

LXXVIII

PESADILLA COTIDIANA

Ante mí espejos rotos en abismos,
tus pupilas huecas que ya no me miran.
Espirales desgarradoras de mi carne,
tus manos en mis costillas,
mientras, tus palabras
taladran mi alma a golpe de lágrimas
que hacen que ya ni la muerte tenga sentido…

* * *

LXXIX

«Dejo un tesoro», decías.
Entonces… «¡cógelo!», pensaba yo.
Yo no sé
lo que me habrás llorado desde entonces,
sólo sé lo que te lloré yo.

* * *

LXXX

Te diré que ya no me pesa
tu ausencia en los párpados.
Que de tus manos apenas ya me acuerdo.
Y que tus abrazos me parecen tan lejanos,
tan ajenos…
Te diré que ya no tengo palabras que decirte.
Ni más sueños que soñarte…

* * *

LXXXI

Y las rosas y las madreselvas se me escapan de
entre los ojos y las manos,
y los ecos dormidos de otros tantos
que me amaron
me despiertan desde las sombras,
desde el pasado,
y me sueñan todavía,
como yo los sueño y tienen,
como yo tengo,
varios amaneceres clavados en el costado.

* * *

LXXXII

En ti se hizo verdad el amor infinito.
Aquellos sí que fueron buenos tiempos,
me decías ya viejita,
recordando todas aquellas tardes, tú y yo
alrededor de aquella mesa camilla.
Pero hasta los elementos
se ponen en contra de uno…
Y las cosas nunca son como uno quiere,
y todo llega,
hasta lo que no se desea…

* * *

LXXXIII

A LA VUELTA DEL ESPEJO

El espejo blanco me devuelve en tiras de plata
todos los prismas de tu anatomía,
y los ángulos de tu ser todo,
mientras tu presencia y la mía,
se baten en duelo de almas.
Vuelvo a mirarte entre los rayos de sol que
se escapan por la persiana.
Al fin y al cabo, vencimos los dos.

* * *

LXXXIV

EPITAFIO

Ella murió, murió o la mataron
los desagradecidos, los ignorantes,
los imparciales,
los que le rompieron el corazón y la carne
a machetazos
de mentiras y recuerdos.
De silencios.
Los que no sabían amar ni querían querer.
Los de los ojos serenos y serena sonrisa…
Ella, eterno ángel yacente.
Incomprendida desde la cuna.
Descansa ahora…
Si te dejan…

* * *

LXXXV

LA DESCONOCIDA

No me reconozco en mí
porque yo
nunca he sido yo…
No me recuerdo.
No sé lo que he sido.
No sé si soy…
Tan sólo soy certeza cierta
de la muerte que me espera…
Interrogante toda
exclamación aguda
suspensiva…
No me reconozco
en los espejos opacos
de mis recuerdos muertos…
Nunca he sido yo…
Quizá mañana mi ***alter ego*** lo consiga…
* * *

LXXXVI

LA ÚLTIMA PRIMAVERA

El almendro vuelve a florecer
y la vida se retuerce,
meciéndose,
en los colores infinitos de la naturaleza toda…

Pero tus ojos de sueño y escarcha
ya no verán los amaneceres rosas,
ni olerán las mimosas,
ni sentirán ya más la tibia caricia de la brisa fresca
en aquel banquito de la esquina aquella…

No se posará el gorrión a tu vera,
ansioso de pan y de primavera.
Ya no sentirás mi mano en la tuya,
ni mi beso callado en tu blanca cabellera…

Y volverá el invierno y el hielo seguirá
llorando estrellas…

* * *

LXXXVII

AL ETERNO VIAJERO

De agua de mar son tus venas,
tu cuerpo, raíces enjutas y recias de
enredadera,
de pétalos de flores
el alma llena.
Cuántas vidas han sido por tus manos,
cuánta bondad
a manos llenas,
cuántas primaveras…
Estarás ya por siempre entre el rumor
de las amapolas,
entre el susurro de las flores
cuando nacen entre la tierra…

* * *

LXXXVIII

LA BÚSQUEDA

Quiero rebelarme contra tu ausencia,
carcoma de recuerdos,
ante los ojos que me taladran
desde la oquedad de la memoria,
ante la sangre seca hecha ceniza y llanto…

Y me encuentro con tus venas
sobre las mías,
con tu ausencia y tu blanca cabellera
de vapor y de plata entera,
mi melancolía…

Quiero decirte tantas cosas…
Pero ya no hay palabras, ni distancia,
y la nada que nos abraza nos seca las gargantas…
… /…

…/…

Quiero escarbarme, escarbarme en el alma y
encontrarte
aquí,
en el centro de mi ser y de mi esencia,
que es tuyo también…

Quiero llevarte allá donde ahora habites
mi grito de amor desesperado,
el lamento eterno de la sangre muerta…

* * *

LXXXIX

LA ESPINA

Es el dolor que llevo clavado
en el centro mismo del alma
el de tu muerte, sangre mía.
Y son mis días desde que tú me faltas
madejas de recuerdos, melancolía…
Espinas.
Y tus mimosas, tus hortensias, tus violetas,
me nacen de los ojos ya muertas…
Y ya sólo me queda
este inmenso vacío en que me dejas,
el recuerdo de las tardes de resol
sentadas las dos, alrededor de aquella mesa camilla,
donde me llenabas un poco de ti todos los días.

* * *

XC

EFÍMERA

Ya no seré más que el viento
que se enreda entre las hojas
y va a morir en su nada misma.
No habrá memoria de mí,
ni quien me recuerde…
Todos los mares que vi, seguirán siendo uno,
seguirán siendo el mismo,
como la brisa que los mece y los alimenta.
La luz seguirá tiñendo de colores las primaveras.
El cielo seguirá coleccionando estrellas…
Pero yo, yo no lo veré y
añoraré todo aquello
desde la tierra…

* * *

XCI

HISTORIA FAMILIAR

Tengo la historia entre los dedos
al borde de la misma desintegración
de su materia carcomida
termitosa
por el siglo y su memoria,
por la muerte y por la vida toda…
Tengo entre los dedos todas tus desdichas,
Todas tus alegrías,
todos tus besos y tus lágrimas,
tus melancolías todas,
tus despedidas…
Tengo las firmas y las huellas,
los tengo congelados,
los instantes aquellos en que las miradas amaron…
Tengo la cajita de tus cartas y tus fotos,
tengo el sepulcro entre las manos
de tu historia toda…

* * *

XCII

INTERROGANTE EXCLAMATIVA

¿Y si la felicidad fuera volar sola,
con las manos libres,
el alma suelta,
sin pasado ni recuerdos,
sin un presente que te ahoga,
sin un futuro que te asfixia…?

* * *

XCIII

VACÍOS PERSONALES

Otra vez el vacío ahoga mi garganta
que llena de silencios
revienta de raíces
anudadas por el tiempo…

Y yo,
yo me rebelo y grito
y me desangro en lamentos,
en aullidos…

No pases,
no llegues…
No cargues con mi cuerpo dormido,
inerte, vacío
con tanta sed de alma…

…/…

No me lleves, no,
no quiero ir donde irremediablemente sé
estaré algún día,
fundida con la tierra o con el mar…

No quiero ser pasto del ayer,
melancolía despellejada que camina…
No quiero estar anudada por el tiempo
y por la nada…
No quiero quedarme en la oscuridad perpetua.

* * *

XCIV

SIN MÁS

Hoy han llovido sobre mi pecho
amargas palabras,
y me reencuentro conmigo, una vez más,
en el dolor más profundo,
cara a cara…
Y tan sólo hallo la belleza en el terrible infortunio
de la única certeza…
Y me nacen muertos los poemas
condenados, según asoman a la luz,
de mi vientre dolorido,
de mi esencia arrancada toda…

* * *

XCV

VISITAS INDESEADAS

A lágrimas se me ha drenado el alma.
Todo es nada de repente.
Y la nada soy yo hecha carne y sangre muerta.
Soy lágrimas.
Y de inmenso dolor están tejidos mis jirones.
Soy nada.
Y la inmensidad del abismo hace demasiado
tiempo que me llama.
Soy vacío.
Y me rebelo y lloro y grito y
le suplico una vez más
al espejo que la de ayer no vuelva…

* * *

XCVI

MÁS LUGARES COMUNES

Siento un dolor antiguo,
que me muerde el alma,
que me la abre en abismo
a dentelladas…
Siento un dolor antiguo
que es compañero de mis más tristes días,
de las noches más amargas…
Siento ese dolor antiguo
posado en mí,
como la mirada cruel de la extraña madrastra…
Me duele un sentir antiguo
y desde lo más profundo de mi vacío
sólo mis fantasmas me hablan…

* * *

XCVII

A PRUEBA

No entiendo la prueba.
No, no la entiendo.
Qué tengo que aprender de todo esto…
No, no hay nada…
Quizá haya tardado demasiado en comprender
que esto era la vida…

* * *

XCIII

LA ESPERA

Quizá cuando ya no sea
volverás a llamarme amor…
Quizá cuando ya esté muerta
te acordarás del eco de esas palabras en tu boca
y de cómo las esperaba mi alma
a manos llenas…

* * *

XCIX

ANTES Y DESPUÉS DE MI NOMBRE

Nunca oírme en tus labios había sido tan amargo…
Ni siquiera las palabras de aquel día
en las que me declarabas
que habías dejado de quererme…
Donde antes había amor
ahora sólo está mi nombre…

* * *

C

LA NOTICIA

Me dejaron la vida en vilo.
Me pusieron a hablar con la muerte,
cerca, muy cerca.
Al oído…
Y entonces yo, yo pensé en mi hijo.
Y me puse al sol
entre mis margaritas, entre mis lilos…
Y le pedí a mi abuela que esperara,
que no me llevara aún consigo:
"Tengo que verle crecer".
Es mi hijo…

* * *

CI

GRANDES ESPERANZAS

Me han parado la vida.
En seco.
Y yo, yo quiero estar contigo en cuerpo,
en vida,
en besos…
Quiero envejecer para crecer contigo,
hijo, mi alma, mi hijo…

* * *

CII

EL HADA MADRINA

El hada eras tú,
que guardabas en cajita de nácar
mis ilusiones de niña…
Todos los cumpleaños…
El Ratón Pérez, los Reyes Magos…
La música en aquel tocadiscos
tocando a verano…
El hada eras tú,
que me presentabas nuevas flores,
pájaros, estrellas, cada día.
El hada eras tú,
que me empujabas a vivir
quitándome el miedo a besos,
llevando conmigo las cargas de mis melancolías…
Tú siempre fuiste mi hada,
madre del alma mía…

* * *

Este libro se terminó de revisar el
16 de febrero de 2025

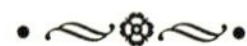

Día de los Amores Imposibles